PREMI DE NARRATIVA ESCOLAR
VICENT MARÇÀ 2008

**LLETRA NOVA**

ÚLTIMS TÍTOLS PUBLICATS

10. *La causa dels rebels.* Premis Juvenils de Literatura Breu Ciutat de Mislata, 2000
11. *Somni de paper.* Concurs de Poesia Jove Ciutat d'Alzira, 2000
12. *Quimeres.* Premis Juvenils de Literatura Breu Ciutat de Mislata, 2001
13. *Veus al vent.* Premis Literaris Ciutat de Carcaixent, 2001
14. *La revolta dels moribunds.* Ramon Monton. Premi Vila de Teulada, 2001
15. *Versos sense mesura.* Concurs de Poesia Jove Ciutat d'Alzira, 2001
16. *L'escriptora de best sellers.* Miquel Àngel Vidal. Premi Vila de Teulada, 2002
17. *Imatges per escrit.* Premis Literaris Ciutat de Carcaixent, 2002
18. *El laberint màgic.* Premis Juvenils de Literatura Breu Ciutat de Mislata, 2002
19. *Llàgrimes de sal.* Premis Literaris Ciutat de Carcaixent, 2003
20. *Alquímia.* Concurs de Poesia Jove Ciutat d'Alzira, 2002
21. *Els déus esparracats.* Octavi Monsonís. Premi Vila de Teulada, 2003
22. *Inicials.* Premis Juvenils de Literatura Breu Ciutat de Mislata, 2003
23. *Il·lusions.* Premis Literaris Ciutat de Carcaixent, 2004
24. *Periples.* Quim Daví. Premi Vila de Teulada, 2004
25. *Calidoscopi.* Premis Literaris Ciutat de Carcaixent, 2005
26. *Conta, conta.* Premi de Narrativa Escolar Vicent Marçà, 2006
27. *Mirades.* Premis Juvenils de Literatura Breu Ciutat de Mislata, 2004
28. *La gesta dels anònims.* Rosa Castelló i Morro. Premi Vila de Teulada, 2005
29. *Paraula líquida.* Premis Juvenils de Literatura Breu Ciutat de Mislata, 2005
30. *Llocs desconeguts.* Premis Literaris Ciutat de Carcaixent, 2006
31. *Femení singular.* Urbà Lozano. Premi Vila de Teulada, 2006
32. *35 contes de xiquets i xiquetes.* Premi de Narrativa Escolar Vicent Marçà, 2007
33. *Cròniques del destí.* Premis Juvenils de Literatura Breu Ciutat de Mislata, 2006
34. *A trenc d'alba.* Premis Literaris Ciutat de Carcaixent, 2007
35. *No subestimeu el poder dels karaokes.* Tomàs Bosch. Premi Vila de Teulada, 2007
36. *ConteM.* Premi de Narrativa Escolar Vicent Marçà, 2008
37. *Paraules d'arena.* Premis Juvenils de Literatura Breu Ciutat de Mislata, 2008

Cap part d'aquesta publicació no pot ser reproduïda, emmagatzemada o transmesa, de cap manera ni per cap mitjà sense l'autorització prèvia i escrita de l'editor, tret de les citacions en revistes,

© *Edicions Bromera*
   *Polígon Industrial I - 46600 Alzira*
   *www.bromera.com*
Disseny de la col·lecció: *Almar*
Coberta: *Juan Berrio*
Impressió: *Guada Impressors*

1a edició: *abril, 2008*
ISBN: *978-84-9824-289-8*
DL: *V-1402-2008*

# ConteM

Premi de Narrativa Escolar
Vicent Marçà 2008

> «...de qualsevol paraula sabia obtenir
> una veritable i autèntica història.
> Amb ell, els alumnes eren com autors.»
>
> G. Rodari, *Exercicis de fantasia*

Amb aquesta frase definien el treball de Gianni Rodari aquells que el coneixien. Nosaltres la podríem aplicar, sense cap mena d'escrúpol, a la tasca pedagògica i literària de Vicent Marçà. I he de dir-vos que no erraríem ni un pèl, que des de la dècada dels vuitanta havia descobert les portes que la imaginació podia obrir als alumnes quan la combinàvem amb el llenguatge, tal com defensava el pedagog italià: «Organitzem una escola capaç d'afavorir, en tots els xiquets que creixen i es desenvolupen a les seues aules, aquelles qualitats i tendències que han estat assenyalades com a característiques del tipus creatiu». Tal era el lema de Rodari.

El Vicent Marçà mestre va conéixer aquest principi en unes jornades d'aquelles Escoles d'Estiu que encara servien per a reivindicar un altre ensenyament i per a eixamplar inquietuds, més que no per a acumular punts. Immediatament va començar a experimentar les insospitades possibilitats d'aquell sistema de cara a fomentar la creativitat expressiva i el gust per la lectura en els seus alumnes.

El Vicent Marçà escriptor va conéixer més a fons les tècniques expressives de Rodari i va tractar d'aplicar-les ell mateix a l'hora d'escriure les meravelloses històries que ens ha deixat com a llegat.

En tots dos casos, els *Contes per telèfon*, la *Gramàtica de la fantasia* o els *Exercicis de fantasia* ens han proporcionat un seguit de fruits tan dolços com abundosos. Com a escriptor, la vintena llarga de títols que ens ha transmés, devorats amb deler per milers de lectors joves (i no tan joves) corroboren el que us he dit. Com a ensenyant, remarcaria el gust per jugar amb les paraules que ens ha encomanat a molts dels afortunats que l'hem tingut com a mestre (tant a les aules de l'escola com a les aules de la vida). Sols això ja bastaria per a donar testimoni fefaent del seu èxit.

Per si de cas tot això no en fóra prou, però, queda encara com a prova rotunda i irrebatible la quantitat i la qualitat que han assolit les narracions d'aquesta tercera convocatòria del Premi de Narrativa Escolar Vicent Marçà.

Davant de les tenebroses expectatives de futur que pregonen les xifres del darrer informe PISA, l'exemple del mestre Vicent Marçà ens planteja una alternativa diferent per a impulsar-nos en la direcció correcta. Una vegada més, i ja en van tres, han bastat el seu nom i el seu exemple per a estimular la imaginació de centenars de mestres i alumnes i posar-la al servei de la creativitat literària lliurement i lúdicament. Aquest és el camí!

Tots a una veu, heu començat a jugar a escriure. Tots a una veu, us posareu ara a llegir. Aquest *tots* inclou els mestres que feu possible amb el vostre impuls l'èxit d'aquesta tercera publicació. També tots aquells alumnes que heu sentit l'impuls d'escriure aquest seguit d'històries meravelloses. I també ha d'incloure, com no podria ser d'una altra manera, tots aquells que, amb l'esforç i la dedicació que el compromís comporta, contribuïu a fer real aquest homenatge al mestre, escriptor, company i amic Vicent Marçà.

És de bona llei agrair-vos l'esforç i encoratjar-vos a seguir endavant; esteu caminant per la senda bona. Sabreu que aquells que lligen poden acabar escrivint; que aquells que escriuen, per força, han llegit i llegiran de manera crítica; que, finalment, els esperits crítics que lligen, escriuen i cultiven la imaginació porten camí de ser savis, esdevenen tolerants i acaben sent molt més lliures i molt més difícils de manipular.

Tal com ho és la imaginació,
    tal com ho era Gianni Rodari
        i com també ho va ser Vicent Marçà.

I això us ho puc assegurar jo, que, de la seua mà també, vaig descobrir Rodari en aquella Escola d'Estiu del final dels anys vuitanta. I, des d'aleshores, encara em dura l'empenta.

JOAN ANDRÉS SORRIBES

TERCERA EDICIÓ
PREMI DE NARRATIVA ESCOLAR
EN VALENCIÀ
VICENT MARÇÀ 2008

## JURAT

Vicent Pallarés
*Escriptor*

Montserrat Ferrer
*Comissió Cívica Vicent Marçà*

Pep Castellano
*Associació d'Escriptors en Llengua Catalana*

Josep Albalat
*Ajuntament de Castelló*

Dolors Ibàñez
*Família Marçà*

Olga Carbó
*Llibreria Babel*

## AGRAÏMENT ALS MEMBRES DE LA COMISSIÓ CÍVICA VICENT MARÇÀ

Vicent Usó

Manolo Alegre

Fina Felip

Josep Miquel Carceller

Ignasi Badenes

Pere Duch

# UN REGAL PER SEMPRE
## Sergi Aragón Sebastià

Hi havia una vegada un xiquet anomenat Oriol. Tenia sis anys i feia primer de Primària. Els seus cabells eren foscos i els seus ulls, verds com l'oli. Son pare era informàtic i sa mare, professora. A Oriol sempre li havia fet molta il·lusió tindre un/a germanet/a, però no va ser possible.

En arribar el seté aniversari d'Oriol, els seus pares li van preparar una gran sorpresa. Van organitzar un viatge a la Xina a fi d'adoptar una xiqueta xinesa.

Oriol va ser qui posà nom a la seua germana, va escollir per a ella el nom de Laila. Laila era una xiqueta amb el nas xatet i unes galtetes molt roges, simpàtica i alegre fora mida.

En arribar Laila a casa, Oriol s'adonà que diverses coses de la vida familiar havien canviat, per exemple: ara sa mare ja no passava tant de temps revisant-li els deures o jugant amb ell, i pensava que estaven massa pendents de Laila. Una altra cosa que el molestava molt era que ella, de tant en tant, li agafava alguna cosa del seu material d'estudi. A més, quan venien familiars a casa o es trobaven amb coneguts pel carrer, totes les festes eren per a ella i Oriol se sentia com si fóra invisible.

Un dia va parlar amb els seus pares de com se sentia. Ells li van explicar que ella era més menuda i necessitava més ajuda, i que eixe temps que ell trobava a faltar és el que ells havien de repartir ara entre els dos fills. També li van fer veure que li agafava coses per a jugar amb ell, i que tal vegada, perquè els colors li cridaven l'atenció, les agafava sense pensar que a ell li podia saber greu. Li van demanar una miqueta de paciència, ells ja farien tot el possible per a evitar algunes d'aquestes situacions. Així mateix, li van dir que els seus sentiments eren normals i que havia estat molt bé comentar-los-els.

Laila també necessitava les atencions que els pares li donaven en aquests moments. Ell agafava igualment coses d'importància per als pares, li ho havien fet notar moltes vegades i s'ho prenien amb tota la paciència del món, procurant que no ho tornara a fer més. A poc a poc, i amb l'ajuda dels pares, va anar entenent millor les noves situacions.

Amb el pas del temps, Oriol i Laila s'estimaven molt i no sentien cap desigualtat entre els dos. És més, ara, una part del temps lliure Oriol la passa jugant amb Laila. És *guai* tindre sempre algú amb ganes de jugar i disposat a acceptar totes les teues propostes de joc. Encara que, de tant en tant, també es barallen, sempre acaben fent les paus.

Un dia, quan els dos germans eixien de l'escola, Oriol es va adonar que a Laila li passava alguna cosa i li va preguntar:

—Què et passa, Laila?

—No res, no em passa res —va contestar ella.

Oriol, que no estava convençut de la resposta, va seguir observant-la i a mig camí li va insistir:

—Laila, per favor, dis-me què et passa i no digues que no res. Perquè estic observant-te des que hem eixit d'escola, estàs trista i no has dit ni una paraula, quan tots els dies et passes el camí xarrant.

Aleshores, una llagrimeta li va esvarar per la cara i amb un fil de veu contestà:

—És que... és que... al pati... uns xiquets sempre em diuen: «Adoptada, adoptada!».

De sobte, Laila començà a plorar amargament i Oriol, que patia la tristesa de la seua germana menuda, li va dir:

—Laila, tu no has de fer cas d'això, no és res nou per a tu. Ser adoptada no vol dir res roí, sols vol dir que ta mare no va poder quedar-se amb tu per motius que tu ja saps i et va buscar la nostra família, la qual estava desitjant estimar-te, cuidar-te i ajudar-te des de feia molt de temps.

Laila, ploriquejant, escoltava el seu germà.

—Tu sempre seràs el meu millor regal. Sense tu no hauria pogut complir el meu somni d'estimar una germana. Sense tu mai no hauria après a compartir. Tu ets la persona a qui més coses he d'agrair de totes les que conec.

»A més a més, tu no tens el problema, els que tenen un problema, i molt greu, són eixos xiquets.

—Ells? —va dir Laila sorpresa.

—Sí, ells —va contestar Oriol ràpidament—, perquè vaig llegir en un llibre que quan un xiquet és feliç no gaudeix fent patir i insultant els altres.

—Oriol, no saps com t'estime. Amb totes les coses que em dius i com les dius, em fas sentir molt i molt feliç.


Els dos germans s'abraçaren molt fort i van tornar a casa tan contents com ningú del món mai no puga estar-ho.

# LA MARIETA VIATGERA

## Inés Arin Gallego

Hi havia una vegada una marieta viatgera i xicoteta que es deia Enriqueta. Enriqueta no coneixia la seua família, però sabia que en alguna part del món tenia una germana xicoteta que es deia Manueleta. És així com un dia Enriqueta es va posar les sabates de caminar i va fer el camí fins al meravellós bosc dels insectes per a trobar Manueleta.

En aquell bosc vivien unes fades misterioses que ho sabien tot de tots els insectes del món i va decidir anar a preguntar-los. És així com comença l'aventura d'Enriqueta.

Van passar els dies i Enriqueta començava a cansar-se, ja que no veia el bosc per enlloc. Havia passat per moltes muntanyes i per molts pobles i ja començava a estar desil·lusionada.

—No trobaré mai aquell lloc! —va dir Enriqueta.

–Quin lloc busques? –va preguntar una papallona que hi havia damunt d'un arbrot.

–Ah! No t'havia vist! Busque el bosc dels insectes –va dir Enriqueta.

–Xica! Si acabes d'entrar, és ací! Mira! –va dir la papallona.

Enriqueta es va posar molt contenta i al mateix temps es va fer amiga de la papallona Cèlia.

Juntes van fer camí, van veure molts insectes dels quals es van anar fent amics, però elles buscaven les fades perquè les ajudaren a buscar els seus familiars, ja que Cèlia també buscava la seua cosina Verònica, que feia molt de temps que se n'havia anat de casa.

Caminaven i caminaven però les fades no apareixien, i aleshores van començar a sospitar que no existien, que era un conte que els seus iaios els contaven. Després d'unes quantes setmanes, van decidir tornar cadascuna a sa casa i fer la seua vida, ja que no podrien trobar mai ni la germana d'Enriqueta ni la cosina de Cèlia, i es van posar a plorar, perquè elles tampoc no es tornarien a veure mai més.

–No ploreu!

–Qui parla? On estàs? –va dir Enriqueta.

–Sóc jo, la flor!

–Una flor que parla? –va dir Cèlia.

–Sí, però jo no sóc una flor qualsevol!

I davant dels ulls d'elles, la flor es va convertir en una fada xicoteta que volava i volava al seu voltant.

—Vos estic vigilant des que heu entrat al bosc! Sabeu?, no podem aparéixer davant de qualsevol. És molt perillós!

Enriqueta i Cèlia no ho podien creure i no van dir res en una bona estona.

—Tant la teua germana Manueleta com la teua cosina Verònica també vos estan buscant —va dir la fada—. No vos desanimeu, elles també fa molt de temps que vos busquen i també estan cansades.

»Seguiu el vostre cor i continueu fent amics que, en el moment en què menys ho espereu, les trobareu.

I així van fer. Van passar els dies, les setmanes i cada vegada més contentes feien amics i amigues. Coneixien insectes de totes classes i ja estaven tan contentes que s'havien oblidat del que feien allí. És així quan un bon dia, després de dormir, Enriqueta, en alçar-se per llavar-se la cara, va veure una marieta vora el riu que també es llavava la cara, i al mateix temps, Cèlia, mentre es pentinava, va veure una altra papallona que també es pentinava al costat d'ella. Totes van començar a plorar i a abraçar-se, ja que després de quasi tres mesos s'havien trobat. Havien viscut aventures meravelloses que les havien fet molt fortes i valentes i van decidir quedar-se les quatre en aquell bosc tan meravellós en el qual ja coneixien molts insectes. És per això que aquest bosc es diu així, «el bosc dels insectes», perquè qui ve ací i fa amics, es queda per sempre i cada vegada en són més.

# EL XIQUET QUE VOLIA SABER QUÈ HI HAVIA EN ELS NÚVOLS

## Fatiha Azzi

Fa molts anys hi havia un poble que es deia el Poble Feliç, i a l'altra vora hi havia un altre poble que es deia el Poble Infeliç.

Al Poble Infeliç vivia un xiquet que es deia Tomeu. Tomeu és un xiquet molt espavilat, sempre és el primer. Però tenia un problema, i és que els companys de classe sempre li deien coses molt lletges. Però ell, el pobre, no els feia cas. Un dia va anar a la muntanya, que era tan bonica, on hi havia flors, un riu, animalets...

Es va gitar a l'herba i va mirar cap amunt i va veure núvols de moltes formes, com un elefant, una balena, un castell..., però va pensar què hi havia en els núvols, va pensar i va pensar molt.

Tomeu va anar a sa casa a dinar, però sa mare li va preguntar:

—Per què no has anat a escola?

Li va respondre:

—És que a classe em fan malifetes.

—Fill meu, per què no ho dius a la mestra? —li va preguntar sa mare.

Tomeu es quedà pensant, i l'endemà va anar al col·legi i li començaren a fer el mateix.

Tomeu se'n va anar a la mestra:

—Mestra: Josep, Adrián i Fonad m'estan insultant.

Però aquella mestra no va fer ni cas al xiquet.

El pobre Tomeu estava molt trist. Al cap de deu minuts, va vindre la directora del col·legi amb una xiqueta nova ben bonica. A l'hora del pati, li va dir a Melissa:

—Jo tinc un secret, però no el digues a ningú, per favor.

L'endemà no van anar al col·legi, i van anar a la muntanya. Van portar: dos esmorzars, sucs, caramels... i els dos estaven molt contents.

Es van gitar damunt l'herba i els dos miraren al cel.

Melissa li va dir que era molt bonic.

Al cap de mitja hora, van vindre els malvats, que eren Josep, Adrián i Fonad.

Van anar a un tros de la muntanya i van començar a tallar els arbres, les flors, l'herba...

Melissa els va veure trencant-ho tot i va avisar Tomeu. Tomeu no va saber què fer en aquell moment, el pobre xiquet els tenia por, va anar a sa casa i va agafar el seu iaio.

El iaio va dir als xiquets que era molt roí destrossar la natura.

Els xiquets ho van entendre tot i el vellet els va donar una llavor, els va dir que era molt màgica, van anar a regar la llavor i van pujar als núvols. Van veure moltes coses i, de sobte, sa mare el despertà al llit, i tot això havia sigut un bonic somni.

# PERDUTS AL BOSC
## Félix Babiloni Colomina

Em dic Manel i tinc nou anys, contaré una història d'allò més curiosa que em va passar aquest estiu quan estava de campament al Penyagolosa.

Eixíem de Castelló el 3 d'agost al matí, tots estàvem molt contents perquè estaríem uns quants dies fora de casa, sense pares, només els amics; bé, en realitat portàvem monitors, que són persones responsables que ens cuiden i també cuineres, que ens fan el menjar, però era igual.

Quan vam arribar a la plaça, ens esperaven l'autobús i els monitors. Cridàvem tots molt, de contents que estàvem, repassàvem les motxilles, les tendes de campanya i altres coses en el maleter, i finalment va eixir l'autobús rumb a la nostra destinació: el pic del Penyagolosa.

Cap a les onze del matí vam arribar al Penyagolosa, vam traure les motxilles de l'autobús i les vam posar totes juntes; ara, el més difícil, havíem de muntar les tendes de campanya, però algú va cridar:

—Xics, l'esmorzar! —I... tots vam córrer. Era una de les cuineres, teníem tots molta fam, eren entrepans de pa amb tomaca i pernil, i estaven molt, molt bons.

Quan vam acabar d'esmorzar, vam començar a muntar les tendes; és molt divertit, encara que moltes vegades els monitors acaben ajudant-nos, ja que no tenim massa força per a clavar bé les estaques on s'enganxen les cordes que subjecten les tendes. Una vegada muntades les tendes, ens vam reunir amb els nostres monitors perquè ens indicaren les activitats que faríem els dies que durava el campament, així com les normes de convivència, ja que són molt importants.

Teníem activitats de tot tipus, però les més divertides són les de supervivència. Ací, en aquest moment, comença la meua història...

Un dels dies de campament, els exploradors havien d'anar d'excursió i havien de dormir fora del campament i, a més, tindrien proves de supervivència. Van eixir al matí després del desdejuni; tots portaven la motxilla als muscles amb una mica de roba, també els van donar una cantimplora i un poc de menjar, prou per a un dia. La resta era cosa d'ells, ja que aprendre a moure's per la muntanya era la prova de supervivència.

Eixa mateixa nit va tornar un dels monitors amb un grup de xics, no trobaven a dos dels xicots i tornava a buscar ajuda, ja que per la ràdio deien que podia ploure fort i que la temperatura baixaria bastant.

S'organitzaren grups per a anar a buscar-los, tots portaven ràdios per a estar comunicats uns grups amb els altres, encara que a nosaltres, com que érem els xicotets, no ens van deixar participar. Però nosaltres no hi estàvem d'acord, així que ens en vam anar a la tenda i vam parlar entre nosaltres.

–Hem de fer quelcom –va dir Miguel.

–Sí, però què? –va respondre Lucas.

I Miguel, amb veu de cap de grup, va dir:

–Podem anar amb les llanternes i els buscarem tots junts, en grup no pot passar-nos res.

Jo estava molt atent al que cadascun del meus amics deia, i al mateix temps pensava si no devia ser un poc perillós, però també estava pensant que nosaltres som més llestos que els dimonis i de segur que els trobaríem. De manera que vaig decidir intervindre:

–Què esperem? Agafem les llanternes, l'aigua i les barretes de xocolate i eixim ara mateix!

La nit estava d'allò més fosca, no sabíem molt bé per on anàvem, però nosaltres estàvem decidits a ser els herois de la jornada. Vam caminar durant hores (això pensàvem nosaltres) i res de res, així que amb els caps acatxats vam decidir tornar al campament, però havíem fet moltes voltes i no havíem tingut la precaució d'assenyalar el camí, així que en eixe moment els perduts érem nosaltres.

Vam començar a sentir sorolls estranys, pareixien udols de llop, estàvem d'allò més espantats, i... vam començar a córrer, sense saber molt bé cap on anàvem.

Les branques dels arbres, movent-se d'un costat a un altre, semblaven monstres gegantins; les fulles, travessades per la llum de la lluna, pareixien fantasmes; a més, de sobte, va començar a ploure i a fer molt de fred, queien llamps i trons, la nit era un autèntic infern. Tots estàvem molt espantats, però Miguel i jo vam decidir el que havíem de fer: vam entrar a una cova, estàvem amerats i teníem molt de fred. Se sentien sorolls molt estranys, semblaven gemecs de cadells, cada vegada se sentien més i més fort, nosaltres cada vegada teníem més por, però tot i així, vam decidir veure d'on eixien els sorolls. Ens vam trobar amb dos cadells de llop. On estava sa mare? Es devien haver perdut com nosaltres? Eren preciosos, quan ens van veure es van acostar sense por. Els vam donar les galetes que portàvem i vam agafar amb les mans aigua de pluja perquè begueren, es van posar a jugar i un d'ells va caure al fang, i en sacsar-se ens va tacar a tots. Quan més divertits estàvem, entrà la mare, i ens emportàrem un esglai de mort, ens va començar a grunyir i nosaltres ens apartàrem corrent, ens vam amagar darrere d'una pedra enorme que hi havia a la cova. La lloba es va adonar que havíem donat menjar als llobets i que havíem jugat amb ells, la qual cosa va paréixer que la tranquil·litzava, ens va fer un gest com perquè la seguírem i així ho vam fer. Seguírem la lloba i ens portà al campament. Ens acomiadàrem de la lloba i l'anomenàrem Lluna, i als llobets, Tro i Llampec, per la nit que vam passar amb ells. No sé si els tornarem a veure algun dia, espere que sí, però de tota manera, no els oblidarem mai.

Quan tornàrem al campament, els monitors ja havien arribat i ens estaven buscant d'allò més preocupats. Un dels monitors, quan ens va veure, es va acostar corrent a preguntar-nos on havíem estat, encara que nosaltres no vam dir res de la nostra aventura amb els llops, només vam dir que estàvem jugant per ací. Ens van renyar i ens enviaren cap al llit... Així que no es van assabentar mai de res, però per a nosaltres va ser tota una aventura. No sé per què han de dir que els llops són feroços, a mi i als meus amics no ens ho va semblar, espere que estiguen bé i tal vegada l'estiu que ve, o un altre, tornarem a veure'ls. Hem de cuidar els llops, és una espècie en perill d'extinció, al cap i a la fi; hi ha bestioles i situacions tan perilloses com els animals. I conte contat... conte acabat!

# L'ACAMPADA
## Sara Baila Bigné

Ja feia dies que els meus amics: Selina, Ivan, Marta, Òscar, Pati, Aida, Bea, Raquel i jo preparàvem una acampada. No sabíem on la faríem, però seria fantàstica. Ja ho teníem tot preparat: Bea portaria una tenda de campanya per a deu persones; Pati, Selina, Aida i jo aniríem a comprar menjar per a la nit, i els altres anirien a convéncer les nostres mares.

Els vam fer marxar al Xeringo per preguntar a les mares.

Durant la seua absència, nosaltres pensàvem com ho passaríem a l'acampada.

Tots els somnis acabaren quan vam veure els nostres amics caminant cap a nosaltres amb cara de pomes agres; ens vam imaginar el pitjor.

–Quina és la raó d'aquesta cara? –va preguntar Selina.

–La resposta és no! –va dir Òscar rotundament.

A continuació ens vam mirar els uns als altres amb cara de preocupació.

—Ja ho tinc! —va dir Ivan amb un to més animat—. Demà que cada un intente convéncer sa mare, a les quatre quedem al Xeringo i parlem.

Així ho vam fer. En acabar de dinar vaig aprofitar el bon humor de ma mare per fer-li la pregunta.

—Mamà —vaig dir amb un to bondadós—, puc anar a una acampada?

—Depén... a quina casa és? I tu, a més a més, no tens sac de dormir.

—No sabem on la farem i això del sac de dormir de segur que algú me'n pot deixar un —vaig contestar jo.

—Si em dónes més informació, potser et deixaré fer-la.

Com que encara no eren les quatre, l'hora de la cita, vaig decidir fer algunes faenes que sabia que ma mare volia que fera.

Vaig ordenar la meua habitació, vaig fer el meu llit i el dels meus pares, i també vaig netejar la caseta de les tortugues.

En arribar al Xeringo vaig veure els meus amics.

—Arribes tard com sempre! —van dir Ivan i Marta, que passen la vida esperant-me.

—Quina és la resposta? —va preguntar Bea impacient.

—Que s'ho pensarà —vaig dir.

—Com totes! —va exclamar Raquel—, a tots ens han dit el mateix.

—El millor serà que tinguen la informació que ens demanen —va dir Òscar.

Després de pensar-hi molt vam fer uns paperets que deien així:

*Lloc i data: Casa de Sara, dissabte 25 de juliol. Es farà al descampat de ca Sara.*
*Cal portar: sac de dormir, llanterna, roba per a l'endemà, pijama i banyador.*
*Hi haurà adults prop.*
*Signat: Fills.*

Vam acordar donar els papers i tornar a les deu i mitja.

Tots veníem amb bones notícies. A tots ens deixaven!

Ja ho teníem tot preparat!


Una setmana després...

Allí estàvem tots emocionats, els meus pares ens ajudaven a muntar la tenda i poc després ja ho teníem tot; alguns ja s'havien posat els pijames i descansaven damunt dels coixins, la resta havíem anat al Xeringo a comprar llepolies.

Es va començar a fer de nit i ens vam posar a parlar, de sobte Patrícia va dir:

–Jo me'n vaig a ma casa! –va dir mentre agafava la seua graciosa camisa de peretes i s'eixugava les llàgrimes.

–Em fa por estar a soles sense mon pare i sense ma mare –exclamà mentres agafava la pesada maleta i se n'anava.

–Patrícia, què dius ara? –li va dir Marta–, saps que no arribaràs ni a eixir fora, a més a més, no estàs a soles, estàs amb nosaltres, la teua colla.

–Té raó, nosaltres estem amb tu –digué Raquel.

–D'acord, em quedaré –murmurà Patri més consolada.

Després d'allò, la mare va eixir bastants vegades a dir que fèiem molt de soroll i que havíem de dormir. Pot ser que férem massa soroll, però ens adonàrem que hi havia un rusc d'abelles al costat de la tenda de campanya. Alguns es van alterar molt i s'hi van quedar tancats i uns altres n'eixien a veure-les de prop.

Al final no va quedar més remei que canviar la tenda de lloc, en això que una aranya es va colar a la tenda sigil·losament, sense que ningú no se n'adonarà.

Estàvem tots parlant fora, al jardí, amb els peus dins de la tenda. Va ser llavors quan es va sentir un crit molt fort, era Patrícia.

–Què ha passat? –vaig dir jo–. Estàs bé?

–No, m'ha picat alguna cosa –digué.

En sentir allò tots vam anar amb Patrícia; Bea li posà gel, Aida i jo li vam embenar la picadura, que per cert era d'aranya.

Després de tanta aventura ens vam avorrir molt, vam menjar llepolies i vam jugar al Monopoli, a les cartes... Ja volíem que es fes de dia. Així que quan el primer raig de sol guaitava, ja desdejunàvem.

La mare que ja havia guaitat unes deu vegades a renyar-nos, a la fi va aconseguir adormir-se.

Però per a sorpresa per a ella, quan es va alçar, al cap de dos hores del nostre desdejuni, al descampat no hi havia ningú; res, ni tendes, ni coixins, no res.

Va suposar que cadascú se n'havia anat a sa casa i va començar a riure pensant en el que havíem fet.

Però més sorpresa va ser quan va vindre a la meua habitació i ens va veure allí als vuit, dormint caragolats damunt del llit com si fórem una ventrada de gatets.

Després de tot... no havíem dormit en tota la nit!

# LA LLEGENDA DEL CAP NEGRE
## Clara Akane Burruezo Konishi

Maria i el seu germà Carles s'havien mudat a un poble de l'interior. Els xiquets eren alts i prims, Maria tenia els cabells rossos, i Carles els tenia negres. Eren dos xiquets intel·ligents i alegres. El poble era ample i bonic, envoltat de praderies i boscos.

Quan va descarregar tots els paquets i caixes, els seus pares van manar-los que passejaren per a conéixer el terreny i els habitants, i mentrestant ells ho posaven tot en ordre. Quan estaven passejant per la vora d'un riu, van veure un home baixet i moreno, que s'acostà i va dir:

—Hola, vosaltres sou els nous xiquets que s'han mudat ací, veritat?

—Sí –va dir Carles–. Qui ets tu?

—Jo –va dir l'home– sóc el pastor Pau.

—Jo sóc Maria i aquest és el meu germà Carles –va dir Maria.

Es van posar a parlar i es van fer bons amics, fins que Pau va dir:

–Coneixeu la llegenda del Cap Negre?

–El Cap quèèè? –va preguntar Carles.

–El Cap Negre –va contestar Pau i va seguir–. Ací hi ha una muntanya que es diu Cap Negre, i els indis que l'habitaven també s'anomenaven caps negres.

Conta la llegenda que els indis van amagar el seu tresor dins de la cova i qui superava les proves podria agafar el tresor. La primera prova és posar-se dins d'un forat: si teniu un cor pur i sincer, s'obrirà un forat molt gran i hi podreu entrar.

Després haureu de resoldre una endevinalla i entrar a la sala del tresor; molts ho han intentat, però ningú no ho ha aconseguit, voleu provar-ho?

Carles i Maria es van mirar i van dir que sí.

–Està bé –va dir Pau–, demà a les deu vos estaré esperant davant de casa vostra, i vos guiaré fins a la cova de la muntanya. Però... no digueu res als vostres pares, eh?

En acabar el desdejuni, Maria i Carles van agafar les motxilles i van seguir Pau fins a una muntanya amb forma de dent, i els va dir:

–Fins ací, ara seguiu sense mi. –I va desaparéixer.

Els germans van estar observant la muntanya, fins que Carles va descobrir un cercle, van tancar els ulls i van ficar la mà. De sobte va aparéixer un forat

enorme pel qual van entrar, i es van quedar davant
d'una gran pedra, quan de sobte va il·luminar la sala
un potent raig i va aparèixer escrit:
 Està davant d'espai,
 està a meitat de temps,
 està darrere de darrere.
 Dis-me: què és?
 —Mmmm... ah! Ja ho sé! És la lletra *e* —va dir
Maria.

I de sobte, va aparèixer una porta. Maria i Carles
van entrar-hi, i van veure una gran escalinata i al final
hi havia un altar amb un cofre xicotet.

Carles i Maria van pujar i els ulls es van posar
com pedres xicotetes, dins hi havia tot el que es podia
imaginar: elefants d'or, ceptres de plata, monedes...
Aleshores, quan Carles va agafar el cofre, la muntanya
va tremolar i van caure roques enormes del sostre.

Maria i Carles van fugir d'aquell lloc, van baixar
l'escalinata corrent i van creuar la porta de la segona
prova i el forat de la primera prova mentre la muntanya s'anava desfent, però Carles no soltava el cofre.
Quan van eixir de la muntanya, estaven tan esgotats
que quasi es van desmaiar i es van estirar a terra.

Quan es van despertar, estaven gitats en unes
lliteres i uns metges estaven asseguts al voltant d'ells.
Quasi tot el poble estava allí, a més, quan es van
despertar, un metge va avisar els seus pares, els quals

van vindre de seguida i els van abraçar, alhora que sa mare deia:

–D'on heu tret aquest tresor?

Els xiquets ho van explicar tot, i son pare va dir:

–On està eixa muntanya? Darrere vostre sols hi ha un munt de roques.

Els xiquets van dir que, quan van agafar el cofre, segurament la cova s'havia ensorrat.

I així, Carles i Maria van acabar la seua aventura, després van dividir el tresor en dues parts. Una per a ells i l'altra per a xiquets amb necessitat de diners. De segur que no te n'ha arribat cap?

# EL GAT DE PAULA
## Arantxa Catalán Almela

Fa molt de temps hi havia una xiqueta que es deia Paula. Vivia en un poble menudet envoltat de muntanyes i boscos. Paula era alta, amb els cabells de color marró i els ulls clars.

Era responsable i ordenada, però el que més desitjava era tindre un gatet.

El dia del seu desé aniversari, quan Paula anava a bufar el pastís, sa mare li va dir:

–No t'oblides de demanar un desig.

Paula, en sentir això, va demanar un desig en veu baixa:

–Voldria que un dels meus regals fóra un gatet.

Paula va obrir quasi tots els regals, però encara en quedava un per obrir. Aquell regal era gran i de color morat i la caixa tenia foradets. Paula va creuar els dits i va obrir el regal. No era cap joguet, era un gatet de color marró i blanc i sols tenia un mes. Paula es va posar molt contenta i va dir als seus pares:

–Com estic de contenta! Aquest és el millor regal!

Al gatet li van posar Pipo. Un dia, de vesprada, Paula va dir a Pipo:

–Anem al bosc a jugar un poc, val, Pipo?

Pipo va començar a córrer cap a la porta. Així que els dos se'n van anar.

Quan van arribar al bosc, Paula va soltar el gat perquè tenia molta confiança amb Pipo i sabia que no s'escaparia. Però aquell dia quan el va soltar el gat es va escapar.

Paula se'n va penedir i després de buscar-lo una bona estona se'n va anar a casa plorant.

Quan va arribar a casa els seus pares li van preguntar:

–Què et passa Paula? –van dir els dos alhora.

I Paula va dir:

–He soltat Pipo i s'ha escapat –va dir molt trista.

Quan els seus pares van sentir atentament el que contava Paula, van tindre una idea, però no la van dir a Paula perquè volien que fóra una sorpresa ben gran.

L'endemà, quan Paula va anar al col·legi, sa mare va dir a son pare quin era el pla:

–Cridarem el guàrdia d'animals, així que quan el troben, Paula estarà molt contenta perquè no crec que Pipo estiga molt lluny.

Mentrestant, Pipo estava al bosc tremolant de fred, per això s'havia posat dins d'un arbre en el qual hi havia un forat gran.

Passaven els dies i no hi havia cap notícia de Pipo. Una nit, Paula es va escapar de sa casa per buscar Pipo perquè estava molt preocupada ja que no sabia res d'ell. L'endemà, els seus pares, en no trobar-la a casa van començar a buscar-la desesperadament amb l'ajuda de la guàrdia. Mentre Paula caminava pel bosc es va sentir un miol. En aquell moment, va recordar quan miolava Pipo i va començar a córrer alegrement cap al lloc d'on venia el miol.

Quan va arribar, va veure un arbre amb un forat molt gran. Va mirar per dins i allí estava Pipo dormint. Paula no va poder aguantar un crit d'alegria que va despertar Pipo. De seguida el va agafar al braç i li va fer tots els besets que va poder i no parava d'acaronar-lo. Paula li deia:

—Pobret meu! Deus tindre fred i fam! Tants dies sense veure't! Tants dies sense jugar amb tu!

Al cap d'un moment, els dos se'n van anar caminant a casa. Estaven tan contents que caminaven molt juntets.

Anaven caminant i es van parar a descansar davall d'un arbre. Quan ja van descansar un poc, Paula va preguntar a una velleta per on s'anava al poble. La velleta li va dir simpàticament:

—Veniu a ma casa i el meu marit us ho dirà.

Com Paula tenia molt de fred va entrar ràpidament amb Pipo. Aquella casa era molt gran, tota feta de pedres de color morat. Aquella casa era molt estranya, però quan van arribar al despatx d'aquell home feia molta por perquè tenia estàtues de guerrers que quan passaves et miraven atentament amb cara de fúria. La velleta va dir:

—Espera't ací que el meu home ara vindrà.

Paula va seure en una cadira enorme que hi havia prop de la finestra, des d'on es veia quasi tot el poble.

Quan va sentir que s'obria la porta Paula es va alçar ràpidament d'aquella cadira enorme. Va entrar un home gros, baixet i calb amb un aspecte graciós i simpàtic que va dir a Paula:

—La meua dona m'ha dit que t'has perdut amb el teu gatet i que no saps com tornar a casa, veritat?

Paula li va contestar:

—És cert, m'he perdut. Ens podeu ajudar? —va dir mentre s'asseia al costat de l'estufa.

En aquell moment, l'home va traure d'un armari molt petit un mapa on estava marcat el camí des d'on estava Paula fins al poble. Quan Paula el va veure, es va quedar amb la boca oberta.

—Te'l regale. Així podràs tornar a casa amb els teus pares i la teua família que de segur que et deuen estar esperant desesperadament –va dir l'home acostant-se a la xiqueta.

Paula va agafar el mapa i a Pipo i se'n va anar corrent. Quan va arribar al poble, va procurar que ningú no la veiera perquè, si no, ho dirien als seus pares i no seria una sorpresa. Així que es va esperar tota la nit amagada darrere d'uns arbustos. Quan es va fer de nit, Paula va entrar a casa amb compte de no fer soroll perquè els seus pares estaven dormint. La primera cosa que va fer va ser deixar Pipo al seu llit i, després, Paula se'n va anar al seu. L'endemà, quan els pares van anar a la cuina, van tindre una alegria ben gran i Paula va aprendre que no s'ha de soltar mai un animal pel carrer.

Ara viuen en un poble de la província de Castelló, anomenat Vistabella, que va ser on es va perdre el gatet Pipo i... història contada, història acabada!

## LES FADES

### Marina Centelles Sutil

Hi havia una vegada un bosc molt, molt, molt... dens, on vivia un poblat de fades, però no unes fades qualssevol, ni molt menys, eren unes fades molt més màgiques que les que eixien als contes com el de *La bella dorment* o la pel·lícula de *Shrek* i totes eixes històries. Bé, tornant on estàvem, eren unes fades supermàgiques, que vol dir que són molt màgiques, en concret es dedicaven a fer realitat els desitjos dels xiquets i les xiquetes pobres que vivien al carrer o en orfenats perquè no tenen pares ni familiars.

Entre tots aquests xiquets n'hi havia un anomenat Carles; ell, pobret, era el més desgraciat, per això el seu cas estava a les mans de fades superiors, que són com els caps a les oficines de treball. Ell havia de dormir al carrer, demanar almoina i damunt sense cap familiar que el poguera ajudar, i si això us pareix poc, tan sols tenia 6 anyets.

Carles, l'únic que volia era tenir un llit on dormir cada nit, una família que li regalara coses per Nadal i poder anar a eixos col·legis dels quals tant havia sentit parlar, tenir amics amb els quals jugar a futbol tots els dies després de fer els deures i berenar un entrepà de pernil amb tomaca i un got de llet amb Cola-Cao.

Però entre totes les fades n'hi havia una anomenada Vero que se'n volia encarregar especialment, perquè ella, abans de ser fada, era una d'eixes xiquetes.

Però totes les seues amigues fades li deien que no podia ser perquè era un cas de fades superiors, però ella, cabuda, se'n volia encarregar. Llavors, la seua millor amiga, Maria, li va dir:

–Vero, Vero, no sigues caboteta, que eixe treball ja saps des de fa molt de temps que és per a fades superiors.

I Vero sempre li contesta:

–Ja ho sé, Maria; però és que m'encantaria tractar eixe cas, ja saps per què.

L'endemà...

–Bon dia, Maria!

–Bon dia, Vero!

–Què, encara enfadada per això d'eixe xiquet?

–Sí; però crec que ara eixiré a fer una volteta.

–D'acord, però recorda que a les 10.30...

—Sí, si tan sols tarde 10 minutets.

Al cap dels deu minuts:

—On es deu haver ficat aquesta xica? M'ha dit que tardaria 10 minuts i ja són les 11!

Mentrestant, al sindicat de fades:

—Que no, ja li hem dit, senyoreta Verònica, que eixe treball és per a les fades superiors.

—Però han d'entendre'm, els assegure que si em donen eixe treball no les molestaré mai més.

—No, perquè si li donem eixe treball, les altres fades també el voldran.

Mentrestant, a la Terra:

—Almoina, per favor, una almoina per a un xiquet pobre, una almoina, per favor.

—Escolta, xiquet, si m'ajudes a portar aquestes bosses a casa, et done cinc euros, i si vols, et pots quedar a berenar a ma casa.

—No cal que em done berenar, jo amb els cinc euros, em conforme.

—Bé, com vulgues. Jo t'anava a donar un entrepà de pernil amb tomaca i un got de llet.

—Quèèèèè? Un entrepà de pernil amb tomaca i un got de llet!

–Clar que li porte eixes bosses, fins i tot li netege tota la casa.
–Oh!, no cal que neteges tota la casa; però si vols, pots jugar amb els meus néts.
–Per descomptat que vull.
–Doncs què esperem? Vinga, anem!
–I com els diuen, als seus néts?
–La major es diu Clara.
–I al menut?
–Al menut, li diuen Joan.
–I quants anys tenen?
–Clara té 11 anys i Joan, 8.
–Ala!, Clara té els mateixos que jo!
–Escolta, i el teus pares?
–Jo no tinc pares, ells m'abandonaren quan jo era menut.
–Ho sent molt, de veritat.
–Tranquil·la, no es moleste per això, que ja és massa tard.
–I tens algun familiar proper?
–No.
–I on dorms i passes el dia?
–Baix del pont de Sant Pere.
–Si vols, pots quedar-te a ma casa, tindràs de tot.
–No cal que es moleste.
–I estaries amb els meus néts.
–Bé, si hi insisteix...

–Molt bé, anem, et donaré roba neta i un bany.

Mentrestant, al sindicat de fades:
–Bé, veig que ja ha resolt el cas, però voldria saber qui ha sigut.

–He sigut jo. –Se sent una veu molt atemorida.

–Qui és?, no la veig.

–Ací! –I es veu una maneta prima, però molt jove.– Sóc jo, Verònica.

–Com que has sigut tu?

–Com que he sigut jo.

–Però això no pot ser, ja et vam dir que tu no podies.

–Ja; però, vaig investigar i vaig llegir que si ho feia abans que li ho donaren a una altra fada, sí que ho podria fer.

Em vaig transformar en aquella velleta i ara Carles està amb la senyora Rogèlia, que així s'anomena, i me'n vaig encarregar jo.

–Bé, que sàpies que estàs aprovada al Consell de Fades Superiors.

–Què?

–Que estàs...

–No, no, si ja me n'he assabentat. Els assegure que no les decebré.

–Val més que siga així.

I aquella velleta que adoptà Carles era en realitat Verònica, que no volia que Carles patira més.

# L'EXCURSIÓ A LA MUNTANYA
## Marc de Bofarrull Coy

Fa unes quantes setmanes, quan eixia de l'escola, em van donar un paper on deia que havia d'anar a una excursió al parc natural d'una muntanya.

Mentre anava a ma casa, vaig estar llegint el paper i posava:

«Al parc natural hi haurà animals que es faran amic vostres».

–Alça! –vaig cridar.

Vaig anar corrents a casa per contar la gran notícia de l'excursió als meus pares.

En arribar a casa, els meus pares estaven enfadats amb mi perquè havia arribat massa tard.

En aquell moment, no els vaig comentar res, perquè si no, de segur que no em deixarien anar.

L'endemà, la mestra ens va dir que si no portàvem l'autorització a la vesprada, no podríem anar.

Just aquell dia vaig perdre l'autorització i li vaig dir a ma mare si em podia escriure una nota.

A la nota posava el següent:

*Castelló, 27 d'octubre*
*Estimada mestra, el meu fill ha perdut l'autorització per a anar al parc natural de la muntanya i jo, Paula Jornet, autoritze el meu fill perquè puga anar a l'excursió.*
*Una salutació: Paula Jornet.*

Es va fer l'hora de seguida i vaig anar al col·legi molt ràpid. Vaig estar a punt de perdre l'autobús, però el que val és que el vaig agafar.

Mentre anàvem al parc natural, li vaig dir a Unís el que posava i ell em va dir que al seu paper no ho posava.

Bé, vam deixar-ho córrer i vaig dormir fins a l'arribada.

Allò no era un parc natural, era una central nuclear on treballaven animals!

A mi, no em va fer gens de gràcia, i vaig anar a veure els professors, però s'havien convertit en formigues que anaven a buscar el material necessari per a la central nuclear.

Els xiquets de la colla vam estar pensant en un pla, però l'única cosa que se'ns va ocórrer va ser buscar un refugi per a pensar un pla tranquil·lament.

Tots junts vam dormir aquella nit freda i sòlida i, l'endemà, vam anar a poc a poc fins a la porta de la central nuclear disfressats d'animals mortífers per fer-los un poquet de por als caps de la central nuclear.

Al primer control, ens van deixar passar tranquil·lament, però al segon, vam haver d'utilitzar la força bruta.

A ningú no li agradava allò d'apallissar coneguts que estaven manipulats per aquells extraterrestres que venien de l'univers exterior.

Amb els ingredients de la poció, vam crear una altra poció, però en compte d'utilitzar-la per al mal, ho vam fer per al bé.

A la vesprada, vam donar la poció a tots els animalets que apareixien davant nostre fins que la central nuclear es va convertir en un meravellós paisatge ple de gent contenta, amor, flors, bondat...

Tots els mestres i les persones que estaven atrapades van seguir els extraterrestres fins que els van atrapar i, després, tots ens van donar les gràcies i ens van portar fins a l'ajuntament de Castelló, on l'alcalde ens va donar un diploma que deia:

«En nom de l'alcalde de Castelló, felicite aquests xiquets per salvar la ciutat dels extraterrestres».

Des d'aquell dia, hi ha pau a Castelló.

# UNES VACANCES AL POBLE
## Marina Ferrer Carceller

Era principis d'agost quan la meua colla, Maria, Ana, Sergi, David, Joan i jo, vam començar l'escola d'estiu a Cinctorres, el meu poble. El primer dia ens van portar al jaciment de dinosaures que hi ha prop de l'ermita.

Una vegada allí ens van explicar coses sobre els fòssils, però nosaltres, com que no posàvem molta atenció, ens vam dedicar a rascar en terra i de sobte Maria va cridar:

–Mireu què he trobat! És una pedra groga!

–És un ou! –vaig exclamar tan fort que les monitores es van assabentar, el van agafar i van telefonar a l'alcalde, que en un tres i no res va arribar i se'l va emportar dient que el deixaria al museu.

Sergi, un poc enfadat, es va girar cap a mi i em va dir:

–Moltes gràcies, Marina, per culpa teua s'han endut la nostra troballa.

Jo vaig acatxar el cap per demanar perdó. En eixe moment les monitores van dir:

–Ja és hora de tornar al poble.

Estava dinant, quan vaig sentir els meus pares parlar:

–Ferran, saps una cosa?, la veïna diu que han desaparegut tres peces del museu.

–No ens podem refiar d'eixe museu, Carme.

Quan vaig sentir eixes paraules, em vaig engolir els macarrons tots d'una, vaig agafar la bici i me'n vaig anar a buscar a tots.

–Tinc una cosa molt important per a dir-vos, anem a la colla –vaig dir.

Ens vam dirigir tots al meu garatge, la colla, vam seure en les caixes i Sergi, un poc impacient, va dir:

–Vinga, amolla el secret!

Després que Joan li va pegar un pessic a Sergi a la cuixa els vaig contar el que havia sentit.

–El meu pare diu que han desaparegut tres peces del museu i el nostre ou està allí.

–Què podem fer? –va dir Ana.

–Ja ho sé –va dir David–. Anem al museu i fem dos grups, mentre els uns vigilen dins, els altres s'amaguen fora per a veure si entra algú.

La idea de David ens va paréixer molt bona, així que vam agafar les bicis i vam anar al museu. Una vegada allí, les xiques vam entrar dins i els xics es van quedar fora. Va passar mitja hora i no havia entrat ningú al museu, estàvem les tres mig adormides quan de sobte, dins de la vitrina, vam veure que l'ou es movia.

—Estic marejada, crec que veig visions —va exclamar Ana.

—Açò no són visions —va contestar Maria.

Jo, amb les cames tremolant, vaig anar a avisar els xics.

—L'ou s'està menejant, entreu corrents!

Els xics no s'ho creien fins que van veure aquell ou movent-se com si fóra un terratrèmol.

Joan, sense pensar-s'ho dos vegades, va agarrar un ganxet dels meus cabells, va fer palanca i va aconseguir obrir la vitrina.

Vaig agafar l'ou i amb molt de compte el vaig posar a la meua motxilla.

—Hem de portar-lo a la colla i allí li fem un niu.

Vam agafar les bicis i més ràpid que mai vam córrer al nostre cau. Jo notava que l'ou es movia dins de la motxilla.

Quan vam arribar, David, Ana i Maria van agafar una caixa de fusta, van posar cotó en pèl, palla, herbes i, per damunt, un mocador; jo vaig traure l'ou i tots vam veure que eixia un cabet.

—És un dinosaure? —vaig dir un poc alterada.

—Açò, açò, açò és un drac! —va dir David botant.

Joan va aconseguir llevar-li les restes d'ou. Tots estàvem molt nerviosos.

Era molt bonic, tenia el color de la pell verd clar amb reflexos daurats. Els ulls eren grans i blaus i feia més o menys trenta centímetres.

Ana va agafar el bric de llet que li havíem posat per a berenar i el va donar al drac amb un biberó de nines que teníem per allí.

Era l'hora d'anar a sopar quan Sergi va dir:

—Ja són les vuit menys quart i no podem deixar aquest drac ací sol.

Jo vaig proposar que sopàrem tots junts al cau.

Ma mare em va deixar i jo molt contenta vaig tornar a la colla on ja estaven tots.

Vaig seure al costat d'Ana, que acariciava el drac mentre li donava un poquet de llet.

De sobte, va alçar la mirada i em va preguntar:

—Com vols que li posem? És xic!

—A mi m'agrada molt Ulisses —vaig contestar.

Joan mirant el rellotge va dir:

—Crec que ja és hora de tornar a casa.

Vam agafar les bicis i ens en vam anar a llit.

Les tres setmanes d'agost van passar volant, s'arrimava el final de les vacances i Ulisses creixia més cada nit.

Era l'última setmana del mes i Ulisses ja feia uns dos metres, el garatge començava a quedar-li menut i nosaltres estàvem preocupats pensant què faríem amb ell; a casa, les mares sospitaven perquè els desapareixia el menjar de les neveres.

Eren festes al poble i l'última nit tot el món estava a l'orquestra, nosaltres estàvem tristos a la colla, l'endemà marxàvem i cadascun tenia una idea diferent respecte a Ulisses.

–Jo me l'emportaré a la meua vil·la de Benicàssim –deia Sergi.

–No, serà millor que el duguem al zoo –contestava Ana.

De sobte, Ulisses va espentar amb el cap la porta del garatge i va eixir a l'era, vam anar tots corrents darrer d'ell.

El drac ens va mirar, va fer un moviment amb el cap com si s'acomiadara de nosaltres, jo em vaig abraçar al seu coll i amb llàgrimes als ulls li vaig dir:

–No t'oblidaré mai, Ulisses, i escriuré un conte per a recordar-te.

Ulisses va escampar les ales, ens va mirar per última vegada i va arrancar el vol.

# NOSTÀLGIA

## Sara Folch Estabén

Un dia de tardor, esplèndid i assolellat, Gabriel es trobava al jardí de l'orfenat on va ser acollit i educat. El xiquet tenia sis anys quan es va quedar orfe de pare i mare, i ara, amb onze anys, encara recordava aquell dia tan tràgic, quan els seus pares, el seu germà de dos anys i ell tornaven de vacances.

Aquell dia la família tornava de Suïssa, havien passat uns dies inoblidables. Viatjaven en el cotxe que el seu pare amb tanta il·lusió havia comprat i que precisament havien estrenat en aquell viatge. De sobte, Joan, el pare de Gabriel, va girar el volant amb força per a evitar una col·lisió frontal amb un altre turisme, però l'accident va ser inevitable. Així és com van perdre la vida els éssers que li l'havien donada a ell.

Els seus parents no volien fer-se càrrec dels dos germans, i per aquest motiu van anar a parar a l'orfenat; però al cap d'uns mesos el seu germà Jaume va ser adoptat.

Gabriel era un xiquet excel·lent en tots els aspectes. S'esforçava molt i aconseguia tot el que es proposava. Ell volia passar desapercebut, però des del primer dia va conquistar els seus companys.

—Vinga, Gabriel, sempre estàs mirant les cucales —va dir el seu amic Carles.

—Vols vindre a jugar al futbol?

—Sí, anem —va respondre a l'amic.

—Jo no vull que jugue amb nosaltres —va dir enfadat Antoni.

Antoni l'insultava contínuament i Gabriel sempre pagava les malifetes d'ell. Aleshores li va dir:

—Ets un amargat, sempre estàs estudiant.

—Per què penses això? —pregunta Gabriel.

—Oooh! Mira't, sempre amb un llibre a la mà.

—La lectura és un bon antídot contra l'avorriment. Has de respectar-me com jo et respecte a tu —va dir Gabriel.

Antoni tornà corrents al jardí, i explicà a Àngel el que ha passat.

—El dia de demà, Gabriel serà un home admirable i famós i tu sentiràs no haver aprofitat aquests anys.

Transcorregueren els anys amb nostàlgia, però el cor aventurer de Gabriel li deia que havia de retrobar-se amb el seu estimat germà Jaume. Quan va complir divuit anys, se'n va anar de l'orfenat en cerca d'ell.

La directora del centre li va proporcionar l'adreça i li van fer un comiat molt emotiu.

Mentrestant, Jaume feia la seua vida. Ara tenia catorze anys i era un xiquet molt problemàtic, perquè l'havien educat sense valors.

La família que l'havia adoptat no podia tindre fills i sempre li donava tot el que demanava. Era evident que era un malcriat. Era infeliç. Li faltava el més principal: l'afecte, perquè el millor mitjà per a aconseguir que un xiquet siga bo és fer-lo feliç.

A Gabriel no li va costar gens trobar el carrer on vivia el seu germà. Esperava amb ansietat el resultat d'aquella visita. Seguidament, va tocar el timbre. Li va obrir la porta, i el va fer passar. Allí estava el seu germà i es van fer un abraç molt fort.

Els pares adoptius de Jaume, que eren bones persones, però massa permissius amb Jaume, van consentir que Gabriel visquera amb ells.

El xic es va matricular per a poder estudiar una carrera universitària, medicina, i va trobar un treball compatible amb els estudis.

Quan va començar a guanyar diners, va llogar un pis.

Ell continuava sent molt responsable, era una persona de confiança, amb moltíssims amics.

Quan Jaume va ser major d'edat se'n va anar amb el seu germà a viure. Ara no tenia tantes coses com abans, però era molt feliç, perquè tenia el més important: l'amor i l'afecte del seu germà.

Van passar els anys i Jaume es va fer mestre d'Educació Primària; i Gabriel es va especialitzar en oftalmologia. Va adquirir molta fama perquè era un cirurgià brillant.

A la seua clínica acudien pacients de tota la nació. Es va fer tan famós que tots els mitjans de comunicació parlaven d'ell.

Un dia, va anar a la seua consulta un home que es va quedar cec per una infecció ocular; Gabriel, en un no res, va reconéixer que era Antoni, però no li va dir res.

Al cap d'una setmana el va operar i la intervenció va ser un èxit, encara que va estar una setmana hospitalitzat. Tots els dies el curaven i Gabriel el visitava.

Quan li van llevar la bena, el primer que va veure va ser la cara del cirurgià i aquest li va dir:

–Hola, Antoni, com et trobes?

–Em trobe molt bé. No tinc paraules per agrair-li el que ha fet per mi; ja no sóc invident. Puc veure! –va respondre Antoni eufòric.

–No em reconeixes? –li va preguntar Gabriel.

–La qüestió és que la seua cara em resulta familiar, però...

–Sóc Gabriel, el teu company de l'orfenat.

Antoni no podia creure el que estava escoltant.

–Mira'm, sóc jo –va insistir Gabriel.

Antoni, plorant, li va fer un abraç a Gabriel i li va demanar perdó.

–Gràcies a la teua constància has aconseguit el que ets, el millor cirurgià.

»Sempre has sigut molt educat i has tractat tothom amb molt mirament. Jo, al contrari, he sigut un insolent i un irresponsable, i ara ho estic pagant. Reconec que estava equivocat, però ja no hi ha remei.

A continuació, va explicar a Gabriel que no tenia diners, ni treball; l'únic amic que tenia li havia deixat els diners per a l'operació.

–No et preocupes, amic; torna els diners, que amb la teua amistat em considere pagat.

Gabriel li va donar treball de recepcionista a la clínica, i molt prompte va aprendre l'ofici. Va ser molt responsable.

Antoni, se'n va anar a viure amb Gabriel i el seu germà.

Evidentment, Jaume no es va oblidar del seus pares adoptius, i molts dies anava a visitar-los.

Gabriel tots els dies recordava els seus pares, però amb el seu germà i el seu amic era molt feliç.

## LA PLANTA QUE ES MENJAVA LES LLETRES
### Mar García Carbó

Un dia trist i ennuvolat, Laia estava a classe de Coneixement del medi. Estaven estudiant les parts de les plantes i la flor. Mentre Maria, la mestra, escrivia a la pissarra, Laia va tindre una idea, i es va apuntar a la mà: «Anar a la botiga de plantes».

En això, va sonar el timbre i Laia va eixir corrent com un llamp de l'escola. Va arribar a casa, va obrir la porta sense fer soroll i va entrar. Va pujar les escales de puntetes i es va dirigir a la seua habitació. Va agafar la cartera dels diners i, quan obria la porta del carrer per a anar-se'n, sa mare li va dir:

–Laia, on vas?

Ella es va girar i li va dir que se n'anava a buscar el diari, i sa mare li contestà que tornara en mitja hora. Ella va dir tota contenta:

–D'acord!

Laia se'n va anar amb cara de mentidera.

Anava com podem imaginar a la botiga de plantes. Quan va arribar, va veure una planteta carnívora supermenudeta, li va agradar i la va comprar.

Quan anava cap a casa es va mirar el rellotge i va veure que faltaven cinc minuts per a la mitja, així que va arrancar a córrer.

Va arribar a casa cansada i amagant-se la planteta. La va deixar damunt la taula d'estudiar i es va posar a fer els deures.

Després de sopar, va anar a posar-se el pijama i a llegir, com totes les nits, el conte anomenat *L'amo de tot*, de Vicent Marçà. Després, a les 12 de la nit es va gitar i... a les 9 del matí:

–Riiiiiiiiiiiiiiiiing!

Laia s'alçà ràpidament, desdejunà de pressa, agafà els deures que havia fet el dia anterior i... on estaven les lletres?, es preguntà.

–I Maria què em dirà?

Pensava i pensava:

–Què ha passat?

»Qui s'ha endut les lletres: els llapis?, la goma?, els llibres?... La planta!

»No és possible! Les plantes no mengen lletres!

Què havia passat? I les lletres on estaven?

Li ho va contar tot a sa mare i les dos es van quedar sense paraules, no tenien ni idea del que havia passat.

La mare de Laia va agafar un paperet d'aquests que posen les mares a la porta del frigorífic i li va posar una nota per a la mestra en què li explicava que els havia passat alguna cosa molt estranya a casa i per eixe motiu Laia no tenia els deures.

Mentre Laia estava a l'escola, la planta es feia gran per moments.

La mare, en entrar a l'habitació, es va pegar un esglai de mort, així que, en arribar el pare de treballar, li va ensenyar la planta i van pensar de tornar-la a la botiga.

En acabar l'escola, Laia va començar a córrer per veure la seua planteta, o millor dit, plantota.

En agafar les claus i obrir la porta de casa, va sentir un crit de sa mare. Va pujar les escales com un coet, la mare li estava donant un peixet a la planta i aquesta va pegar un esternut que sa mare es va espantar.

Es van posar a investigar què havia passat amb les lletres dels deures de Laia que no apareixien per cap lloc. Van cridar un investigador i va tardar tres dies a saber tan sols una pista, i aquesta era que algú havia furtat les lletres.

Després, vam cridar un científic i vam mirar per dins de totes les coses. Després de fer moltes voltes, el científic va agafar un microscopi molt potent que portava a la seua cartera i va mirar les cèl·lules de la planta. Tots es van sorprendre, ja que en cada cèl·lula hi havia una lletra. Aquell dia van convidar el científic i l'investigador a sopar per a donar-los les gràcies. Després de pensar el que havia passat van pegar una rialla que no van parar fins que es cansaren.

L'endemà, van tindre encara una altra sorpresa. Van descobrir que la planta agafava les lletres i les donava a les persones que eren pobres d'idees perquè pogueren fer històries com la resta de la gent.

Finalment, Laia va portar la planta a l'escola i va dir a la mestra que si la podia plantar al raconet del pati on hi havia molta terra. Maria, la mestra, va somriure i li va dir que sí.

És per això que Laia aquell dia va ser la més admirada de tota l'escola. I van plantar la plantota.

A l'hora de l'esbarjo, els xiquets i les xiquetes li donaven pa. A l'hora de l'hort li tiraven aigua i quan volien llançar una descripció o un treball ja puntuat, el donaven a la plantota perquè les altres persones puguen fer també històries.

## LES SIRENES
### Nicoleta Ilcana Gumbedam

Fa molt de temps, en un poble que es deia Marina Daurada, molt prop de la mar en una vella casa, al mateix temps que s'havia produït una gran tempesta, van nàixer tres precioses xiquetes que es deien: la més major, Cloe; la mitjana, Roxy, i la xicoteta, Àlex. Quan tenien vint-i-cinc anys els seus pares van morir en un accident de vaixell terrible. Al cap de dos anys, les tres es van comprar una xicoteta casa en una illa anomenada Cor de Sirena, on vivien les tres soles. Un dia van anar les tres a explorar l'illa: van trobar una cova a una profunditat de cinc metres, que dos metres eren d'aigua. Cloe, Roxy i Àlex van entrar a la cova i van quedar sorpreses per com de bonica era la cova. Cloe es va acatxar per veure què hi havia i va caure a l'aigua, Roxy i Àlex es van espantar molt i es van tirar a buscar-la però, Cloe estava perfectament. Inexplicablement, va eixir de les pedres un fum molt estrany, de color rosa amb purpurina, que les va convertir en sirenes. Totes van quedar molt sorpreses, no sabien què fer, creien que es quedarien així per sempre.

Van intentar eixir de l'aigua, però no van poder. Àlex va anar a veure si veia alguna eixida, i va trobar una mena de forat molt gran per on van poder eixir totes. Cloe, Roxy i Àlex van quedar com mortes quan van veure el fons de la mar, amb tots aquells peixos tan bonics, amb les plantes de colors i amb tots els dofins tan preciosos que hi havia, es van oblidar del «xicotet» problema que tenien. Van nadar amb els dofins i amb els peixos tota la nit, fins que es van adonar que eren sirenes. Cloe, Roxy i Àlex van eixir de la cova, es van quedar assegudes damunt d'una pedra, al cap d'un moment ja estaven eixutes i es van transformar, llavors es van adonar que quan estaven eixutes s'alliberaven de la cua. Van decidir no dir a ningú ni una sola paraula, per això l'endemà van anar a la universitat com si no haguera passat res. A la universitat van tindre uns «xicotets» problemes a l'hora de ciències, ja que havien de rentar una roca, és clar, amb aigua; elles van ser molt llestes, per això van dir a la professora:

—Senyora professora, és que nosaltres tres tenim al·lèrgia a les pedres amb substàncies químiques —va dir Cloe.

—D'acord, no fareu l'experiment —va dir la professora.

Les xiques van eixir de classe i Àlex va dir:

—Quasi ens descobreix.

Elles van anar a la cova i van veure que hi havia un grup de persones fent experiments molt estranys. Es van sorprendre molt en veure aquelles persones, i elles els van preguntar:

—Perdoneu, què feu ací? —va preguntar Roxy.

—Ens han comunicat que ahir a la nit van veure tres sirenes eixint d'ací, i ara volem veure si han deixat alguna pista per a identificar-les —va respondre.

—Tranquils, nosaltres vivim ací en una casa xicoteta i no hem vist res —va dir Àlex.

—No podem estar tranquils fins que no trobem les sirenes —va respondre el senyor.

—No hi ha sirenes —va dir Roxy.

—Esteu molt convençudes que no existeixen, com si les protegíreu vosaltres.

—S'equivoca, nosaltres no hem vist res, així que no protegim res —va dir Cloe.

Àlex i Roxy es van banyar el peu i van haver de saltar a l'aigua. Cloe va saltar també a l'aigua amb elles.

—Així que vosaltres sou les sirenes, per què m'heu enganyat? —va dir l'home.

—Per favor, no digues res a ningú —diuen elles.

—Com puc dir el secret de les tres princeses del mar?

—Les tres princeses del mar.

—Sí, per descomptat, el vostre pare m'ha enviat a buscar-vos, jo també sóc sirena i he vingut a buscar-vos.

Les xiques van quedar molt sorpreses per la història que els havien contat i van decidir anar a conéixer son pare i viure amb ell.

Aquesta ha sigut la història de tres germanes que es van convertir en sirenes.

## L'ESCOLA MISTERIOSA
### Cèlia José Herrando

Hi havia una vegada un misteri d'una escola, el misteri era que desapareixien coses. L'escola era molt coneguda, però amb el pas del temps s'havia anat tornant més perillosa. La gent ja no passava per allí. Les flors es podrien i l'herba es tornava marró, era un caos.

Però van passar 20 anys i va nàixer un xiquet que es deia Ramon. Era moreno i molt molt aventurer des de xicotet. Ell anava a una escola que estava davant d'on estava l'escola misteriosa.

Un dia, la senyoreta Maria va dir als alumnes que feren una redacció d'allò que més els agradava de tot el món. Ramon volia fer la redacció sobre l'escola misteriosa, però per a fer-la havia de mirar-la de prop, i va dir a la senyoreta Maria:

–Maria, vull fer la descripció de l'escola misteriosa i veure quin misteri hi ha dins!

La senyoreta Maria, desconcertada, li va dir un poc com si estiguera boja:

–Ramon, no pots anar!

–Doncs, jo me'n vaig. –I Ramon se'n va anar tan ràpid que la senyoreta es va desmaiar.

Ramon estava davant de l'escola misteriosa. La va tocar i va veure com desapareixia la seua mà, però de seguida se'n va anar corrents a sa casa i, en tocar-la, la mà va tornar i no va desaparéixer.

Va entrar a sa casa i:

–Mare! –va cridar Ramon.

–Quèèèè! –va dir sa mare.

–M'ha passat una cosa impressionant! –I Ramon li va contar a sa mare tot el que li havia passat.

L'endemà, es va reunir amb els seus amics i els va contar el que va passar quan va tocar l'escola misteriosa amb la mà i li anava desapareixent, i que va anar a sa casa, la va tocar i la mà va tornar a l'estat normal. Aleshores van idear un pla per a veure quin misteri hi havia dins de l'escola: un tresor, poders màgics, una fada... no ho sabien. En canvi, sí que sabien que havien d'esbrinar-ho.

Després, estant a dos metres de l'escola encantada i portant draps als peus, a les mans, al cap i a tot el cos, van obrir la porta amb una granera, la van espentar i es va obrir, però la granera va desaparéixer. Van entrar i tot estava molt fosc. Al fons del corredor hi havia una llum que acabava a la cuina. Van caminar a poc a poc. Van entrar a la cuina i feia tanta pudor que es van tapar el nas. Quan la van notar es van sorprendre, però ara ja sabien què feia que les flors es podriren i l'herba es tornara marró. Era perquè fa molts anys van deixar un trosset de formatge i això en tenia la culpa. Ramon tenia un dubte: per què li va desaparéixer la mà? De sobte es va apagar el llum de la cuina i es va quedar tot fosc. Tenien molta por. Van escoltar una veu molt, molt esgarrifadora i encara tenien més por.

Van passar la nit sense dormir. Es va fer de dia i ja podien eixir.

A l'escola no podien ni parlar, però el que no sabien és que els havia caigut una maledicció. La maledicció era que no podien parlar. La senyoreta Maria els va preguntar una multiplicació i ells la deien, però la mestra no sentia res i pensava que s'estaven burlant d'ella. Van acabar al despatx del director. El director era un geni a llegir els llavis i els xiquets deien que no podien parlar perquè havien entrat a l'escola misteriosa. El director no s'ho creia i tampoc no es creia que no podien parlar. Pensava que estaven fent una broma, una gran broma que el director s'havia pres molt seriosament.

Van cridar els seus pares, però els pares no es creien que els seus fills feren una bestiesa tan gran com un elefant. El director va intentar convéncer-los i no ho va aconseguir, perquè les mares van cridar els seus fills i van comprovar que deien la veritat, que no podien parlar.

L'endemà, una xiqueta es va assabentar que havien entrat a l'escola misteriosa i ho va contar a tota la classe. Els van dir superherois perquè eren molt valents, però Ramon i el seus amics, en realitat, no havien sigut valents.

Unes quantes hores després, Ramon va recuperar la veu i els seus amics, també. Estaven molt contents. Van anar corrents a contar-ho, a animar-los a veure la casa misteriosa i a dir-los que no deien mentides. De sobte, un xiquet va tocar la paret i la mà no va desaparéixer i els van dir que eren uns bojos i uns antipàtics, i que es creien els millors i els més valents de tot el món.

Ramon va fer una festa per a disculpar-se amb els seus amics, però la festa se celebraria a l'escola misteriosa.

Van entrar dins i van començar a decorar-la, i a l'escola jo no feia gens de pudor i ho van passar molt bé.

Us deveu haver quedat amb ganes de saber el motiu pel qual l'escola no volia ningú al seu costat, i és que es trobava tota sola, els xiquets i les xiquetes ja no en formaven part i amb el temps s'havia fet roïna, però amb l'ajuda de Ramon i la seua festa, a poc a poc va anar canviant de cara. Es va alegrar molt, i quan al cap d'un temps l'alcalde va decidir obrir-la de nou, es va convertir en l'escola més bonica i més acollidora de tota la ciutat.

# EN WANG TSE WU
## Manuel Llopis Ramírez

Hi havia una vegada un poble de la província de Castelló on molts dels seus habitants feia més de cent anys que havien emigrat a diversos llocs del món en busca de fortuna i una vida millor per a ells i per a les seues famílies.

Uns havien anat a Sud-amèrica, a l'Argentina, al Brasil; uns altres, a la Xina; uns altres, a Alemanya, etc.

El nostre poble era molt tranquil, hi havia molts habitants i a l'escola eren molts xiquets. Ens agradava anar a classe i teníem una mestra simpàtica i afectuosa que es deia senyoreta Gal·la.

Un dia va arribar un xiquet nou a la nostra classe. Tots els xiquets i les xiquetes ens vam quedar bocabadats, mai no havien vist un xiquet com aquell: tenia els cabells molt negres i molt estirats, la cara era rodona i els ulls esqueixats. Vestia com la resta dels xiquets, però semblava diferent: era un xiquet xinés.

La senyoreta Gal·la ens va explicar que el nou alumne venia de molt lluny, de la Xina, i que no entenia el nostre idioma i no parlava valencià. El nostre company Pepe va preguntar a la senyoreta si parlava castellà i li va contestar que tampoc.

La nostra amiga Michelle, que tenia el pare anglés, va preguntar-li si parlava anglés i la senyoreta va tornar a dir que no.

Quan Xavi, que sempre estava distret però que sap molt, va preguntar què parlava, la senyoreta ens va dir seriosa que només parlava xinés.

Ens vam quedar tots de pedra. I ara com podrem parlar-li? I com jugarà amb nosaltres si no ens entén? I com farà els deures? La senyoreta ens va fer callar a tots i vam començar la classe. Hui tocaven divisions amb decimals. En Pere és l'encarregat de repartir-nos uns quaderns i en silenci vam traure els nostres llapis i vam començar a treballar.

Tots estàvem espiant el xiquet xinés. La senyoreta li va traure un quadernet i un llapis, i com va poder, va explicar-li el que havia de fer.

El xiquet nou estava molt seriós, es va apartar del material que van repartir i encreuant els braços sobre la taula va posar el cap damunt, com si s'amagara. La senyoreta el va mirar amb dolçor i allí el va deixar.

Em va fer molta llàstima i vaig preguntar-me què passaria si jo no entenguera què diuen els altres. Jo tampoc no podria fer res de res.

La nostra companya Anna, que és molt bona, el va voler ajudar donant-li el braç, però ell ni cas. Es va passar tota la classe sense fer res, i la següent, i la resta de l'hora abans d'anar a dinar.

Tots vam eixir en fila, uns cap al menjador i uns altres cap a casa.

Quan vaig arribar a ma casa ho vaig comentar amb ma mare i amb el meu iaio, i vaig quedar sorprés quan el meu iaio em va dir que possiblement era el nét d'un amic seu que se'n va anar feia molt de temps a treballar a la Xina, i mai no havia tornat al poble.

Quan de vesprada vam tornar a classe, jo vaig comentar amb els meus amics el que m'havia dit el meu iaio.

Tots estàvem molt intrigats, però també a classe estàvem enfadats amb ell, perquè ni ens mirava ni tampoc va voler dir-nos com es deia a ningú i això que tots li ho vam preguntar. A la vesprada vam parlar amb la senyoreta i li vam dir que no ens agradava el xiquet nou i que no el volíem a la nostra classe. Es va quedar al·lucinant, com diu el meu germà major; primer no sabia què dir, després i per a sorpresa nostra, es va enfadar i es va posar com una fera, tant que el xiquet xinés es va amagar baix de la taula i tot.

Ens va dir que érem molt cruels amb ell i que havíem d'entendre que no ens podia parlar en cap llengua que coneguérem, pareixia mentida que no ens adonàrem que estava molt trist, que no tenia cap amic i que estava sol: que havíem de pensar què passaria si fórem nosaltres els nous i moltes coses més.

Aleshores, i per a la nostra sorpresa, el xiquet xinés va fer una cosa estranya, va eixir de la classe i es va amagar a l'armari del corredor. Tots vam anar cap allà, però la senyoreta ens va fer tornar cap a la nostra aula i ens va fer callar.

La senyoreta estava a la porta de l'armari, el xiquet seguia cridant però ja no tant fort, i no volia obrir la porta.

Després d'una bona estona es va obrir la porta de classe i amb els ulls plens de llàgrimes va entrar el xiquet. En veure'ns es va espantar molt i no volia entrar a classe, però el nostre amic Pere, que és molt fort, l'ajudà a entrar.

Enric es va acostar a la seua taula i li va donar un caramel, i el xiquet va somriure, el va agafar i se'l va ficar a la boca.

Jo també vaig acostar-me a la seua taula i li vaig dir:

—Em dic Ma-nu-el.

Ho vaig fer unes quantes vegades fins que ell va obrir els ulls i va dir:

—Ju-uan —assenyalant-se ell mateix—, Ma-nu-el —assenyalant-me.

La resta de la classe va anar acostant-se a la seua taula i van dir-li un a un els seus noms.

Quan al cap d'una bona estona va tornar la senyoreta Gal·la amb una senyora xinesa estàvem jugant amb Ju-uan, que com el nom pareixia castellà, tots van començar a dir-li JOAN.

Les dues es van quedar ben parades. La senyoreta xinesa era la mare de Ju-uan. Ell quan la va veure li va dir moltes coses en xinés i després de parlar una estona amb la senyoreta se'n va anar.

Quan va vindre mon pare a buscar-me li vaig presentar Ju-uan i va vindre a ma casa a jugar amb els meus germans.

Ara ja ha passat molt de temps d'això, Joan parla perfectament castellà i valencià i és un dels nostres millors amics, i el meu iaio tenia raó, el seu iaio era espanyol, es va casar amb una xinesa i ara vivia a la Xina, però un dia els seus pares van decidir vindre a Espanya a viure, i gràcies a eixa decisió ara puc dir que el meu millor amic és d'origen xinés i es diu Joan, i també vaig aprendre que tots som iguals, independentment del nostre origen i del nostre color de pell.

# DRAC EL MARGINAT
## Mònica Morales Moreno

Hi havia un drac amb qui ningú parlava. La qüestió per la qual no li parlaven era perquè no li eixia foc per la boca com als altres dracs, i la resta el deixaven de costat i no el consideraven un d'ells.

Son pare, Drac Blanc, i la seua família li deien que no fera cas dels comentaris que feien sobre ell, el seu germà Dragó Roig i la seua germana Clarissa sí que tiraven foc per la boca. Drac (el nostre protagonista) es considerava sol perquè no tenia amics, ni tan sols els seus germans ni la seua família el volia! Bé, al que anem.

El primer dia de començar l'escola després d'unes llargues vacances, Drac se'n va anar de casa, perquè a l'escola tots es burlaven d'ell pel seu problema. Va agafar la motxilla amb les seues pertinences. Va volar tant que ni es va recordar del camí, i a la fi, va aterrar en un bosc que hi havia per aquell paisatge.

Es va adormir al costat d'una pedra. L'endemà, després de despertar-se, va agafar la motxilla, va partir i es va endinsar en el bosc. Quan estava caminant per aquell bosc es va trobar amb un drac i li va preguntar:

–Què fas amb eixes pedres?

–Estic arreplegant pedres per a fer foc –va dir el drac.

–Per què? Si els dracs podem fer foc amb la boca.

–Això, ho pots dir tu, perquè els de la meua aldea no fem foc amb la boca.

–Vosaltres sou com jo, el drac que no fa foc amb la boca! –va dir Drac amb alegria– Saps si, per casualitat, podria anar a eixa aldea on vius a conéixer els teus amics, familiars...?

–Clar que sí!

–Una cosa, a tu com et diuen?

–Em diuen Pep.

Després que es van presentar, van partir cap a l'aldea de Pep.

Van passar per rius i penya-segats. De sobte, Drac va veure molts dracs que estaven ballant..., i tots estaven contents. Ell no entenia res perquè ell estava trist, pel problema que tenia.

–Bé, ja hem arribat –va dir Pep.

Quan va dir això, tots van parar de ballar i de fer les altres coses que feien.

–Hola, bon dia –va dir Drac.

I Pep li va presentar la seua aldea. A continuació a Drac li va sonar el telèfon, era sa mare, van parlar i al cap d'una estona es posà el pare de Pep per a indicar-li com arribar a l'aldea.

Quan el pare de Pep li va tornar el telèfon, va parlar amb ell. Drac va contar-li el problema que tenia i el pare de Pep li va explicar que ell era un drac especial i el que ell pensava que era un problema, no ho era.

Després, quan va arribar la mare de Drac, el va veure volant i es va quedar sorpresa perquè al seu fill li eixia foc, però no el provocava ell, sinó un invent que van fer els de l'aldea perquè Drac fóra feliç.

Conte contat, conte acabat.

# EL PARE FANTÀSTIC
## Israel Nebot Dom

## CAPÍTOL I

Un dia, Jaume va eixir de l'escola i havia de fer una xicoteta redacció sobre una cosa fantàstica. Va arribar a casa i va pujar a l'habitació a pensar. Van passar hores i hores, i son pare, preocupat, va pujar.

–Fill, què estàs fent?

–Una redacció... sobre una cosa fantàstica.

–Una cosa fantàstica? –va preguntar el pare, estranyat.

–Sí, i és per al dilluns.

Era divendres, encara tenia tot el cap de setmana per davant.

–Però, si és per al dilluns, la pots fer demà, no?

–Sí, però com la puc fer avui...

El pare va agafar una cadira, expectant.

–I, quin és el tema?
–Aventures fantàstiques...
El pare va somriure.

## CAPÍTOL II

–Pare, per què somrius?
–Ara que ho dius, recorde una cosa que em va passar...

Jo devia tindre la teua edat. Un dia, quan vaig eixir de l'escola, em vaig trobar una capa.

–De superheroi?
–Sí. Era d'un color daurat molt bonic. La vaig agafar, i com en aquella època ens agradaven els superherois me la vaig posar.

El xiquet anava escrivint.

–Al cap de pocs segons de posar-me-la, vaig començar a volar.
–Que *guai*! –el xiquet va somriure.
–Seguisc?
–Sí! Per favor.
–Bé, però demà, ara estic cansat.

## CAPÍTOL III

L'endemà, Jaume es va despertar feliç. En baixar, va preguntar a son pare com acabava la història.

–Vols saber-ho?

–Sí, per favor.

–Bé. Just després de començar a volar, vaig veure que uns lladres estaven atracant un banc. Vaig baixar i els vaig combatre. Estaven armats, però era igual. Poc després, va vindre la policia. M'anomenaren Superdaurat.

## CAPÍTOL IV

Imagineu-vos, ser un superheroi de xiquet. Qui no ha somiat alguna vegada això?

–Pare, com acaba la història?

–Vols saber-ho, eh? T'ho mostraré.

El pare va portar Jaume a la seua habitació i va obrir l'armari.

Dins hi havia una espècie de maniquí amb una capa daurada.

–Oh!

–Sorprenent, eh?

El pare la va agafar.

–Ara és teua.

–Sí? El xiquet va donar un saltiró d'alegria.
–Sí, ara és teua.
–Bé, d'ara endavant em diré SuperJaume.
El xiquet va eixir al jardí, es va posar la capa i va començar a volar.
El pare va somriure i va dir:
–La història es repeteix, ara ell és el superheroi.

## EN PERE I EN ROS

### Fermín Pitarch Garcia

Hi havia una vegada un xiquet anomenat Pere que sempre estava avorrit, fins que un dia es va trobar un cuc que es deia Ros. En Ros, igual que en Pere, anava a l'escola i feia nous amics. Quan tornaven a casa, en Ros feia els deures i en Pere no els feia i sa mare el castigava.

Quasi sempre estava una setmana sense veure la televisió. A voltes, no el deixava anar a jugar al futbol.

Un dia, en Pere va jugar un partit de futbol i, com vivien lluny, algú l'havia d'arreplegar, però els seus pares treballaven i no podien. I en Ros? Sabia conduir? Clar que no, no sabia conduir. Així que van anar els dos sols cap a casa.

Es van perdre, i van caure a una claveguera plena de rates que feia molta pudor de fem. Ells eren valents i no tenien por; de sobte, en Pere va veure llum i en Ros el va seguir. Allí estava la mare rata; era molt grossa i molt lletja, però com us havia dit, no tenien por i en Pere amb els poders d'en Ros la va matar.

A casa d'en Pere son pare i sa mare estaven molt preocupats perquè era de nit.

En Ros i en Pere eixiren de la claveguera, anaren cap a casa i en van tocar el timbre. Sa mare i son pare el van abraçar, sa mare li va mirar la butxaca i va dir:

–Portes un cuc!

El va agafar i anava a matar-lo, però en Pere va dir:

–M'ha salvat la vida; vull cuidar-lo.

I son pare li va preguntar:

–Que on estaves?

–No em creuràs, el cuc i jo veníem cap ací però vam caure en una claveguera i ell em va ajudar a eixir i per això no l'has de matar, pare.

Van tindre com a mascota en Ros i van viure feliços per sempre.

# LUCI I LA RABOSA DE LA NEU
## María Pizarro Valls

Luci era una xiqueta normal i corrent que vivia amb son pare en una ciutat molt xicoteta.

Luci era pobra, son pare treballava en una botiga de pirotècnia, on no anava quasi gent. El pare estava molt trist i quan va tornar a casa va dir a Luci:

–Luci, crec que ens haurem de mudar a una altra ciutat o a un altre poble.

I Luci va respondre:

–Crec que no hi ha una altra opció.

El pare va preparar les maletes i totes les coses; entre Luci i ell van decidir anar al Pol Nord, perquè podien construir un iglú i menjar peix i també moltes coses més sense pagar gens, i allí van anar.

El pare va dir a Luci:

–La nostra vida serà dura, però viurem millor; ara prepara una canya per a pescar i jo aniré fent un iglú.

Luci va preparar la canya i va pescar molt de peix. Quan son pare va preparar l'iglú, van fer un foc amb rametes seques i dos pedres xicotetes i van fer el peix. Quan van acabar de menjar Luci li va fer una pregunta a son pare:

—Podré anar a escola?

I son pare li va respondre:

—No ho sé, però mentres jo t'ensenyaré a llegir, a escriure i a més coses.

El pare la va ensenyar cada dia a fer una cosa diferent, i Luci va aprendre tot el que sabia son pare. Un dia va anar a fer un passeig, va sentir un soroll, com crits, però d'un animal; va rebuscar entre la neu i va veure que era una rabosa, estava ferida d'una pota i no podia caminar bé. La va agafar i se la va emportar a casa i son pare li va dir:

—No et preocupes, la curarem i es posarà bé.

Quan van passar tres setmanes la rabosa es va posar bé i Luci li va posar un nom; com que era una rabosa femella, li van posar Nana. Nana es va posar malalta perquè no menjava el que necessitava. Luci va estar buscant el seu menjar, però no el va trobar. Al dia següent, va sortir a buscar-lo, però esta vegada va trobar un conill i el va portar a casa, la rabosa estava molt contenta perquè li agradaven molt els conills i es trobava cada dia millor, Luci volia soltar-la per la neu perquè no es posara una altra vegada malalta.

Nana no volia anar-se'n perquè li havia agafat molt d'afecte.

Luci estava molt preocupada, perquè no la podrien mantindre. Luci va dir a Nana:

–Per favor, ja sé que no m'entendràs, però no puc mantindre't, si vols vine a veure'ns a mon pare i a mi, però no et pots quedar.

La rabosa la va entendre i Luci es va quedar al·lucinada. Des d'aquell moment, la rabosa va a visitar-la cada dia.

Cada nit, se sentia la rabosa plorar i a Luci li feia molta llàstima. La rabosa la va veure i es va posar molt contenta, i va dir a Luci amb veu humana:

–Vine, segueix-me.

Luci es va quedar molt estranyada, les raboses parlaven?

I la va seguir fins a un arbre, enmig de la neu. Luci li va preguntar:

–Què fa un arbre com aquest enmig de la neu?

–És el meu esperit, l'esperit de la neu.

Luci li va dir si el que deia era cert, i la rabosa va dir:

–Sí, jo sóc l'esperit de la neu, mantinc la neu tot l'any, és la meua feina, el meu destí, estic tancada dins d'un cos de rabosa, vaig morir ací i va aparéixer aquest arbre, el cirerer japonés.

Luci va fer una altra pregunta a Nana:

–Per què quan et vaig trobar a la neu estaves ferida?

La rabosa va respondre:

–Caçadors de raboses, estem en perill –deia Nana, molt trista–, però com que m'has salvat, et concediré tres desitjos.

Luci va dir que primer havia de dir-ho a son pare. Quan van anar a l'iglú, Luci ho va dir al pare. Ell li va dir que ella havia de dir els desitjos.

Luci va dir:

–Vull que tots els animals i les persones no estiguen en perill i que tots siguen feliços.

–Segon, vull que Nana es quede amb nosaltres per sempre i que no estiga mai trista.

Nana li va dir que moltes gràcies per tot el que estava fent per ella i que ella també es volia quedar, i Luci va dir:

–Tercer desig, vull no ser pobra mai i viure molt feliç amb Nana i mon pare.

Quan va formular el tercer desig, l'iglú es va transformar en una casa càlida i, després, Luci va aparéixer en el col·legi amb molts amic i amigues.

Ara ja tots vivien feliços per sempre.

# ELS COLORS
## Cristina Rusen

Raquel és una xiqueta d'onze anys que viu, juntament amb els seus pares i el seu germà Pau, en un poblet que es diu Miravet.

La família de Raquel no era com les altres, perquè per exemple a una família normal li era igual de quin color era el paper, però a estos no, i és perquè a cada membre li agradava un color: a Susanna, la mare, li agradava el verd; a Blas, el pare, el blau; a Pau, el germà, el roig, i a Raquel, el groc.

Raquel tenia els cabells grocs i vestia moltes vegades una camiseta groga com el sol. Tenia els ulls marrons amb un to groc. Era alta i prima, però un poquet orgullosa.

El seu germà Pau tenia els cabells rojos i sempre vestia uns pantalons rojos i una camiseta roig clar on es veia un cor. Era baixet i gros, al contrari que la seua germana. Sempre s'enamorava de les xiques, però elles no el corresponien perquè els seus ulls feien por, ja que els tenia marrons amb un to roig.

La mare era exploradora i li encantaven les selves. Era una persona d'estatura mitjana, amb els cabells i els ulls verds.

El pare era pilot d'avions. Era alt, tenia els cabells i els ulls blaus. Sempre estava seriós.

Cadascú tenia la seua habitació, que estava decorada segons el color que li agradava. La cuina estava decorada amb el color verd i només algunes coses eren blaves, perquè quasi tot era de la mare i només algunes coses eren del pare (a cadascú li agradava que les seues coses foren del seu color preferit). El bany estava decorat amb una mescla de blau, verd, roig i groc. El menjador estava de tal forma que tot era de colors, segons de qui era cada cosa, però les parets estaven de tal forma que quan un d'ells s'asseia a la taula i mirava, davant es veia el color que li agradava.

Un dia que els pares estaven a casa i la mare anava a recollir el correu, de sobte va cridar:

–Blas, auxili! Vine de seguida –va cridar la mare.

–Ja vaig. Però què passa?

–Mira això. –Dit allò, la mare es va desmaiar.

–Aaaaaaaaaaaaaaah!

Els veïns, en sentir el crit, van anar a veure què passava:

—Per què s'ha desmaiat Susanna? —preguntaren alterats.

—Per això —va contestar el pare i els va ensenyar, amb mans tremoloses, una carta que havien rebut.

—Què passa?, només és una carta —digueren els veïns.

—Com que una carta?

—Sí, una carta.

—No veieu la desgràcia?

—No.

—La desgracia és que la carta és de color blanc!

Els veïns es van quedar muts de sorpresa per aquella favada. Després d'aquell dia, pensaren que Blas i Susanna estaven bojos.

Una cosa semblant els va passar als fills en el seu primer dia d'escola, quan cada un entrava a la seua classe:

—Aaaaaaaaaaaaaaaah! —va cridar Raquel, però també sentiren un crit de Pau a la classe del costat.

—Què passa, què passa? —va preguntar la mestra tota preocupada, pensant que havia passat alguna cosa greu.

—Com que què passa? No veieu aquesta classe?

—Si, però no li passa res.

—Res dius! No veus la pissarra, per exemple?

—No li passa res, a la pissarra. Què li passa?

—El que passa és que és de color verd! Igual que les taules i les cadires. I no veieu tampoc les parets?

—Sí, què passa a les parets?

—Doncs que són blanques! —Dit això Raquel se'n va anar corrents de la seua classe, seguida de Pau, que tampoc no ho aguantava. Van dir que no tornarien fins que les taules, les parets, les cadires i les pissarres no foren de color groc o roig. En arribar a casa, els xiquets ho van dir als pares i estos van posar una denúncia. Des d'aquell dia, l'alcalde no havia parat de rebre denúncies: que per què les flors són de molts colors, que per què la carretera era grisa, etc.

L'alcalde i els ciutadans estaven farts i van decidir reunir-se per a idear el pla que posaria fi a això:

—I si els expulsem del poble? —deien els ciutadans.

—No, millor no, perquè tinc un pla —va dir l'alcalde i a continuació va explicar el pla.

Seguint el pla, un veí va anar a casa de Raquel:

—Senyor Blas! Senyora Susanna! No eixiu de casa per res del món.

—Per què, senyor Martí? —va preguntar Blas.

—Doncs, perquè tot s'ha tornat de color rosa i mentre ho arreglem, volem que estigueu a casa.

—Bé, moltes gràcies.

La família de Raquel no va eixir de casa, encara que el que havia dit el senyor Martí era mentida. Només va dir això per tindre temps a preparar el pla que consistia a pintar d'un altre color tot el que en el poble fóra blau, verd, roig o groc, menys el cel. Quan els van avisar que podien eixir, la família de Raquel es va quedar muda de sorpresa, perquè no hi havia res blau, verd, groc o roig en tot el poble. Raquel no s'ho creia, pensava que era un malson, però era veritat, no hi havia res blau, verd, roig o groc per més que buscaren. Van enviar denúncies a l'alcalde però ell no els feia cas.

Va passar una setmana, però la família seguia igual de trista.

Fins que Raquel va veure que les altres xiquetes jugaven amb nines, encara que haguera ocorregut aquella «desgràcia»:

—Com és que vos divertiu quan no hi ha ni groc, ni blau, ni verd, ni roig?

—Perquè tant ens fa els colors —van respondre.

—Com és això?

—És perquè les coses no les pots jutjar pels colors, sinó per com són o per a què serveixen —va dir Marta, una xiqueta molt intel·ligent.

—No és veritat.

—Sí, perquè quan compres un llibre pot ser molt bonic per fora però quan el lliges t'adones que no t'agrada.

A partir d'allò, a Raquel no li van importar els colors ni a la seua família tampoc perquè ella els ho va explicar. L'alcalde, veient que tot anava millor, va ordenar pintar un altra vegada tot el que havia sigut blau, verd, groc o roig. La família de Raquel va entrar en el Llibre Guiness dels rècords.

## UN VIATGE MOLT ESTRANY
### Patrícia Sancho Bellés

Hi havia una vegada un xic que es deia Jordi i vivia a Castelló. Era un xic guapo, moreno, d'ulls verds, alt i tenia un somriure simpàtic d'eixos que et desfan. Jordi volia anar de viatge i va pensar que París devia ser un lloc bonic per a anar, però en veure els preus es va adonar que era massa car, i aleshores va decidir anar al Brasil, però va canviar de parer en recordar que es mareja a l'avió. Encara es recorda d'aquell últim viatge que va fer a Mallorca: no trobava els passaports i per poc no el deixen pujar a l'avió, quan l'avió es va enlairar l'estómac se li va posar a la gola i ja no li va baixar, es va posar blanc i de sobte va començar a tindre marejos i va fer una vomitada que no se sabia si allò era marró, verd o de color morat. El senyor que estava al seu costat no deixava de remugar i demanar que el canviaren de seient i, com si fóra quelcom contagiós, de sobte es posaren a vomitar un gran nombre de passatgers; l'hostessa no sabia què fer corrent amunt i avall amb tovalloles, mantes, gots d'aigua, café... Ja no sabia què es feia ni res. En una de tantes anades i tornades, a l'hostessa li va caure el café damunt dels pantalons de Jordi; tan desastrós va ser el viatge, que la tripulació va suggerir a Jordi que no viatjara més amb la seua companyia aèria. I després d'estos records desagradables va decidir: «millor me'n vaig a Galícia»; va pensar que Galícia era perfecte perquè té molts paisatges per a fotografiar i molts llocs per a visitar i ben bé podria anar amb tren, però finalment i després de moure's molt, va haver d'anar amb avió o renunciar a les vacances fora de casa, ja que estaven venuts tots els bitllets de tren i d'autobús.

Quan era el dia abans d'anar-se'n de viatge, es va haver d'afanyar per acabar el treball que li havien manat a la feina, va treballar molt per a poder acabar eixe dia, i tan tard va acabar, que a l'endemà es va adormir i va arribar tard a l'autobús. El xofer li va dir:

—Pels pèls l'agarres, quina sort que has tingut: hem punxat una roda i he hagut de canviar-la.

En arribar a l'aeroport, el seu vol ja s'havia enlairat, va ser una gran decepció per a ell, així que va haver d'agarrar l'avió següent amb destinació a Galícia. L'avió va tardar tres hores a eixir de l'aeroport, Jordi estava ben fart d'esperar i només feia que anar amunt i avall en aquella terminal que ja coneixia pam a pam. Per fi, va pujar a l'avió, però estava molt nerviós perquè no sabia si es marejaria o no; en baixar de l'avió li van dir que se'ls havia perdut la maleta, quan ho va sentir es va espantar i es va posar trist perquè era la seua maleta preferida, era de color marró, portava enganxats segells de tot el món i també portava carro. Al final va ser que la seua maleta, de portar-la cap a un lloc i de portar-la cap a un altre se'ls havia canviat de destinació i va anar a parar a Nova York, i va haver de fer un muntó de papers per tal de recuperar-la, però el pitjor va ser que hagué de comprar roba nova perquè fins l'últim dia de les vacances no li van fer arribar la seua estimada maleta.

He de dir que Galícia li va paréixer preciosa i que va pensar que havia valgut la pena passar per tot eixe patiment al viatge d'anada mentre esperava embarcar a l'avió per a la tornada. Després d'uns minuts l'avió es va enlairar cap a València; tot discorria amb normalitat, pareixia que de moment no es marejava quan, de sobte, el pilot de l'avió anuncia pels altaveus: «Senyors i senyores passatgers, cordeu-vos els cinturons que estem a punt d'entrar en una tempesta». De seguida, l'avió comença a fer bots i caigudes com en les atraccions de Port Aventura. No podia aguantar i va començar a cridar com un boig, de pànic; aleshores la persona que estava asseguda al seu costat el va agarrar pels muscles i el sacsejava atemorint-lo tant que se li van obrir els ulls com un mussol i tot cridant es va adonar que acabava de despertar-se, que tot havia sigut un malson fruit del cansament d'unes vacances molt mogudetes.

# COM ACONSEGUIR UNA MASCOTA
## Arnau Sempere Roig

Jo sempre havia volgut una mascota, m'era completament igual quina, el que tenia clar és que en volia una. Sempre m'havia decantat pels gossos. Però anem al tema. Em dic Pau, tinc deu anys, sóc alt, de cabells foscos, redonet i amable, encara que un poc trapell. Des de ben xicotet que ho havia intentat tot per aconseguir-ne una. Però, els meus pares sempre em deien coses com aquesta: i qui el traurà a passejar?, qui netejarà el terra si pixa o fa caca?, eh? Jo sempre els deia que tot això ho faria jo, però resultava inútil perquè no em creien.

Una vegada vaig dir una animalada molt grossa, els vaig dir que si no compraven una mascota, fugiria de casa. Però desgraciadament no van picar. Alguna vegada plorava amb llàgrimes de cocodril, i com a últim recurs, quan passejava amb els meus pares em parava a cada botiga de mascotes, a veure si s'entendrien mirant algun cadellet, però res no donava resultat. Vaig provar unes quantes tècniques; impossible, s'hi resistien.

Va passar molt de temps en el qual m'esforçava en els estudis, treia molt bones notes, em menjava tota la verdura, el peix i tot allò que em posaven al plat, encara que fóra sardina! Aquell pla era perquè els Reis Mags em dugueren una mascota, encara que fóra un hàmster. En arribar el dia del Pare Noel vaig ser el primer a alçar-me a obrir el regal, la caixa era grandeta, vaig pensar que seria un animalet petitet com una tortuga o bé un hàmster. Podia ser qualsevol cosa, però en obrir el paquet em vaig endur una decepció, no es tractava de cap mascota ni de cap animal, sinó d'una maqueta per a fer un vaixell. Vaig esperar el dia de Reis desitjant que em portaren qualsevol mascota però, en arribar el dia, em vaig endur la mateixa sorpresa. Vaig pensar que els meus pares devien haver escrit que no volien una mascota. Quan em vaig assabentar que als meus pares se'ls havia oblidat escriure la seua carta no vaig parar de preguntar-me per què el pare Noel i els Reis no m'havien portat un animalet: potser no els cabia al sac dels regals.

Més tard vaig canviar de tàctica, vaig començar a portar-me malament, i vaig decidir que no pararia de fer-ho fins que no em compraren una mascota. Ja havia aguantat prou de temps sense veure la tele, ni jugar a la Play ni connectar-me al Messenger; els vaig dir en un to arrogant: vull tindre un gos! Desgraciadament, no els va agradar gens el to en què ho vaig dir, fins i tot em van castigar a anar al llit sense sopar, la qual cosa em va molestar perquè no havia berenat.

Vaig passar llargues hores pensant en tota la gent que tenia gos, envejant-los, plantejant-me com de feliç seria si en tinguera un. Aquella nit no vaig dormir. Encara sort que era divendres, perquè si no hauria passat les classes dormint. Aquell dissabte al matí no vaig fer res més que dormir. A la vesprada, vaig quedar amb el meu millor amic, Joan, que tenia gos. A Joan no li vaig fer ni cas, vaig passar la vesprada jugant amb el Coco, el gos de Joan. Clar, Joan ja no volia saber res de mi.

Un dia els vaig dir als meus pares que volia que em compraren un cotxe de Lego, era un Ferrari preciós pintat d'un roig intens, un esportiu descapotable amb uns fars allargats i ferotges com els ulls d'un lleó i que s'encenien de debò. Aquesta vegada vaig pensar que no tenien excusa per a comprar-me'l, però m'equivocava, els meus pares eren més llestos del que creia, em van donar l'excusa que era massa car i no tenien intenció de comprar joguines tan cares. Un dia, mentres passejava amb la meua iaia, li ho vaig contar, al moment em va preguntar on venien aquell joguet i més tard vaig experimentar que la meua iaia aconseguia tot el que jo li demanava. Mentres jo dormia, es va obrir la porta del meu dormitori, vaig veure a la meua iaia i pensava que era un somni; l'endemà de matí vaig veure damunt la taula d'estudi del meu dormitori una capsa embolicada amb paper de regal. La vaig obrir i allí estava el Ferrari. Sabia que havia estat la iaia i li vaig telefonar i li vaig donar les mil i una gràcies que es mereixia.

Vaig pensar que a allò se li podria traure profit. En pocs dies ja tenia el meu pla complet: havia de convéncer la meua iaia perquè es comprara un gos i vaig tardar dues setmanes a aconseguir-ho; li vaig prometre que l'aniria a veure cada dia, i això li va agradar. Ella va anar a veure botigues d'animals, però malgrat que m'estimava molt, li van paréixer massa cars els gossets.

Un dia, ma tia va vindre a casa i ens va anunciar que una amiga volia donar un gos; jo al cap de dos segons ja estava corrent cap a casa de la iaia. Li vaig donar a la meua iaia la bona notícia, però em vaig emportar una sorpresa quan em va dir que havia pensat que millor no volia tindre gos; em vaig quedar de pedra. Li vaig repetir tres vegades que aniria a visitar-la cada dia, però no vaig aconseguir que canviara d'opinió. Em vaig quedar molt trist i vaig passar setmanes preguntant-me per què devia haver canviat d'opinió. Li havia fet alguna cosa dolenta?

Realment no li agradaven els gossos? Qui ho explica? Vaig intentar que tornara a canviar d'opinió.

La meua germana Clàudia va intentar ajudar-me, encara que per primera i última vegada. Van passar dos mesos, però res, ni una sola fase del nostre pla havia avançat gens ni miqueta. La meua germana va decidir que tirava la tovallola, però li vaig plantejar la de fanfarronades que podria dir davant de les seues amigues si tinguera una mascota, va començar a supervisar el meu pla i el va perfeccionar a fons. A part de corregir-me les faltes, va canviar algunes petites coses. Per exemple: jo en la tàctica de convéncer, no hi posava raons. Ella en va pensar unes quantes com ara dir-li que el gos que donaven seria de companyia o que no li estiraria gaire fort de la corretja quan el portara a passejar. En mitja hora ja estava preparat. Per desgràcia, aquella mateixa vesprada, la meua iaia tenia classe de Patchwork, però que més donava, si l'endemà també la podria convéncer. L'endemà vaig aconseguir convéncer-la mitjançant una trucada; ens vam dir:

–Hola, iaia.

–Hola, fill, com va?

–Be, però no et cridava per això.

–I aleshores què em volies dir, eh?

–Doncs, és que, des que em vas dir que no volies tindre un gos, em vaig quedar molt trist.

—Està bé, t'he comprés. Aniré a veure aquell cadellet.

—Gràcies, iaia.

—Però no t'endugues una decepció si dic que no.

—Adéu, iaia.

—Adéu, fill.

La cosa va anar així. La meua iaia va anar a veure el cadell i va decidir que se'l quedava. Quan me'l va ensenyar em vaig convertir en el noi més feliç de tot l'univers, i vaig decidir que el gos es diria Vinxi. Aquella nit em vaig quedar a dormir a casa la iaia. L'endemà vaig traure a passejar Vinxi, el meu gran gos.

Al cap de pocs dies ja havia aprés a donar la poteta, a seure quan li ho déiem, i a llepar l'orelleta. L'endemà, com tots els estius, me'n vaig anar de viatge a la muntanya amb els meus pares.

Cada nit trucava amb el mòbil a la iaia i em contava que des que me n'havia anat no havia deixat de plorar, i ja no volia menjar gens ni mica. Allò em va entristir, la qual cosa va fer que el viatge acabara abans del previst. Des d'aquell dia no m'he tornat a separar d'ell, perquè ma iaia no el podia traure a passejar, i va decidir donar-nos-el. Allò significava que el meu pla estava complet.

I endevineu qui el volia més que ningú? Doncs aquelles persones de la meua família que en la vida havien volgut tindre un gos: els meus pares no paren de fer-li festes a Vinxi i li fan llargues passejades.

Si vols uns besets, o vols que t'ajuden a fer els deures, acudeix als pares però, si el que vols és un gos, el millor és tindre iaia.

# EL TRESOR AMAGAT

## Alexandra María Soporan

Hi havia una vegada, a la ciutat de Cracòvia, un ancià piadós i solidari que es deia Izy. Durant unes quantes nits, Izy havia somiat que baixava a Praga i arribava fins a un pont sobre un riu.

Somiava que en un costat del riu, baix del pont, es trobava un profund arbre. Somiava que ell mateix cavava una font al costat de l'arbre i que d'aquella font extreia un tresor que donava benestar i tranquil·litat per a tota la vida.

Al principi, Izy no li va donar importància, però quan el somni es va repetir durant diverses setmanes, va interpretar que era un missatge i decidí que no podia deixar passar esta informació que li arribava de Déu o no sabia d'on. Mentres, dormia. Així que, fidel a la seua intuïció, carregà la seua mula per a un viatge llarg i se n'anà cap a Praga.

Després de sis dies de viatge, l'ancià arribà a Praga i va decidir anar a buscar el pont sobre el riu als afores de la ciutat. No hi havia molts rius, ni molts ponts, així que ràpidament va trobar el lloc que buscava. Tot era igual que en el somni: el riu, el pont i, a un costat del riu, l'arbre davall del qual havia de cavar. Només hi havia un detall que en el somni no havia aparegut; el pont era custodiat dia i nit per un soldat de la guàrdia imperial. Izy no s'atrevia a cavar mentre el soldat estava allí, així que va acampar al costat del pont i va esperar. La segona nit, el soldat començava a sospitar d'aquell home, així que s'apropà per tal de parlar amb ell. L'ancià no tenia cap raó per a enganyar-lo, per això li contava que havia arribat d'una ciutat molt llunyana, perquè havia amagat un tresor. El guàrdia comença a riure a carcallades. Has viatjat molt per una bogeria –li va dir–. Des de fa tres anys, jo somnie totes les nits que a la ciutat de Cracòvia, davall de la cuina d'un ancià boig que es diu Izy, hi ha un tresor soterrat, hahaha! Creus que jo hauria d'anar a Cracòvia per a buscar aquell home que es diu Izy i cavar davall de la seua cuina?, ha,ha, ha!

Izy li donà amablement les gràcies al guàrdia. En arribar de nou a la seua llar, va cavar una font davall de la seua cuina i va trobar un tresor que sempre havia estat allí amagat, però després, l'ancià es va adonar que el tresor més important per a ell i tots nosaltres són la família, els fills, els néts, els avis, etc. Es va adonar d'això i el tresor el va deixar allí, perquè ell ja tenia el seu tresor i nosaltres també.

Conte contat, conte acabat. Un euro per a mi que l'he inventat i vos l'he contat.

## EL MEU NAIXEMENT
### Miquel Torán Martínez

A poc a poc vaig anar fent-me més gran i cada vegada tenia menys espai per a jugar, vaig comprendre que el temps d'estar en la panxa de ma mare s'acabava.

Encara no havien passat els nou mesos, però jo ja tenia ganes d'eixir i veure la cara dels meus pares. Així que em vaig posar cap per avall intentant espentar.

De sobte, tot el líquid que m'envoltava va desaparéixer i jo estava pensant «ara deu ser el moment», però no va passar res.

Jo he esbrinat que quan va desaparéixer el líquid és que a ma mare li va passar el que diuen «trencar aigües» i se'n van anar corrents a l'hospital.

Quan vam arribar, ens van ingressar esperant que en el part no li passara res, jo em vaig posar nerviós i em menejava i espentava perquè volia eixir.

Per fi vaig veure una miqueta de llum a través d'un foradet xicotet, però no era suficientment gran per a poder eixir.

Vaig comprendre que havia de seguir espentant i fent força perquè el forat es fera més gran.

Estava esgotat, havien passat unes quantes hores i quan pensava que ja no podia més, per fi vaig veure l'eixida.

De sobte, vaig traure el cap, després els braços i, per fi, tot el cos.

Quin fred que feia, estava tremolant, quan de sobte em van posar damunt d'alguna cosa calenteta que em va envoltar en els seus braços i em va començar a fer besos. Per fi la vaig veure... era ma mare.

Després d'uns minuts, les infermeres em van agafar, em van rentar i em van vestir, em tornaren als braços de ma mare i junts vam eixir del paritori.

La primera cara que vaig trobar en eixir pel corredor va ser la de mon pare, que em va agafar al braç i em va presentar els meus iaios. Tots estaven molt feliços.

Vaig estar dos dies a l'hospital i els meus pares van haver de deprendre a posar-me els bolquers i jo vaig deprendre a beure la llet de les mamelles de ma mare. Tot anava molt bé i per fi el metge ens va dir que podíem anar a casa.

Vaig eixir de l'hospital i pesava 2 kg i 700 g. Els meus pares em van pujar al cotxe carregat de flors i de peluixos camí de la nova etapa.

Estava emocionat!

# UNA HISTÒRIA DE FANTASIA
## Sonia Torner Tena

Hi havia una vegada una xiqueta que es deia Maria. A ella li agradava molt llegir, sobretot les històries fantàstiques.

Un dia, llegint un llibre, es quedà adormida i va començar a somiar i a somiar...

Va aparéixer en una ciutat molt estranya i bonica. Les cases eren de diferent formes, triangulars, quadrades, rodones, rectangulars... i de moltíssims colors, algunes brillaven com estrelles. Hi havia també moltes flors que pareixien tindre vida i un sol que quan el miraves et somreia, els núvols es passejaven pel cel com si foren cotonets de sucre. Era una ciutat preciosa! Maria es quedà enlluernada pel que estava veient, però hi havia alguna cosa que la intimidava. En aquella ciutat no hi havia ningú, aparentment estava deserta, però... de sobte va aparéixer per allí un conillet que tenia molta pressa. Maria el va aturar i el conillet va dir:

–Però, què fas? No veus que tinc molta pressa?

Maria es va quedar molt sorpresa, ella no sabia que els conillets parlaven.

–Però, que tu parles?

–Doncs és clar! No ho veus?

–D'acord, d'acord –va afirmar Maria.

–Em pots dir per què no hi ha ningú en aquesta ciutat?

–Sí, sí que t'ho puc dir: resulta que la gent cada vegada creu menys en nosaltres, els personatges fantàstics, i a causa d'això estem desapareixent. Cada vegada en som menys. Bé, ara em deixaràs anar o no?

–Clar, clar... –va contestar-li Maria.

El conillet se'n va anar corrent i va desaparéixer en la llunyania i ella es va quedar de nou tota sola.

Maria es va adonar que si no eixia d'allí, ella també desapareixeria, com aquells personatges de fantasia de què havia parlat el conillet, així que molt preocupada va començar a córrer per veure si algú la podia ajudar.

Anant pel carrer va topar amb una fada que anava asseguda en una catifa voladora.

–Hola, bon dia –li va dir la fada.

–Hola, quina alegria trobar-me amb algú!

La fada li preguntà:

–Que t'has perdut?

–Sóc una xiqueta, em diuen Maria, i no sé com he arribat fins ací. I tu com et dius?

—Sóc la fada Margarida.

Van estar parlant una bona estona, i per fi Maria li va preguntar:

—Em pots dir com puc anar-me'n a casa?

Margarida li va contar tot el que sabia i Maria es va acomiadar de la fada i se'n va anar d'allí molt decidida.

La fada li havia contat que per a eixir d'allí havia de convéncer la gent que els personatges fantàstics existien, però ho havia de fer en un dia i, si no ho aconseguia, es quedaria allí per sempre i desapareixeria.

L'endemà, Maria va anar corrents a demanar permís per a eixir i complir el tracte. Va eixir d'allí i s'afanyà per convéncer la gent. Anant pel carrer intentava parlar amb qui es trobava, però ningú no l'escoltava. Maria estava un poc desesperada i pensava que no ho aconseguiria. Es va passar tot el dia intentant-ho, però no li feien cas (als xiquets els costa molt convéncer la gent major).

Se li acabà el temps i hagué de tornar a la ciutat de fantasia.

Tota decebuda, va començar a plorar i plorar. Es va adonar que la gent no creia en quasi res, i ella sabia que si alguna vegada eixia d'allí, si no desapareixia, faria tot el possible per convéncer la resta.

En aquell moment, va sentir una veu que la cridava:

—Maria, que ja és hora... afanya't que farem tard a l'escola.

I de sobte es va despertar. Maria es recordava del somni i li agradà tant que el va escriure.

L'endemà, el va ensenyar a classe, i als xiquets els va agradar tant que es van convéncer de com de meravellosa era la fantasia.

Maria es va fer gran i va ser una important escriptora molt admirada i llegida, gràcies al somni que havia tingut de menuda.

# ELS EMBOLICS DE LA FAMÍLIA MARTÍNEZ
## Elena Torrella Mas

La família Martínez estava formada per quatre membres: Joan, el pare; Sara, la mare, i les bessones, Elena i Marta.

Joan era un poc rondinador, però també molt divertit; Sara era molt simpàtica, i les bessones... bé, les bessones eren molt revoltoses.

Un dijous, com tots els dijous, Marta i Elena arribaven tard al col·legi, anaven a tercer de Primària, però no, per això no les anaven a castigar, així que Sílvia, la professora ja els tenia preparades les notes per a casa.

—Com pot ser que tots els dies aplegueu tard! —va dir Sílvia, la mestra.

—No ho tornarem a fer, professora —van dir les bessones molt penedides i mirant el terra.

—D'acord, però que no es torne a repetir —va afegir Sílvia, una mica enutjada.

En acabar la classe, les bessones se'n van anar a sa casa i van contar als seus pares tot el que havia ocorregut.

Havent sopat, els seus pares les van deixar mirar una estona els dibuixos, però a les nou se'n van anar al llit.

L'endemà, Elena i Marta van tornar a arribar tard al col·legi de nou, i aquesta vegada, Sílvia els va posar de càstig ajudar a ordenar els llibres de la biblioteca. Mentre ordenaven els llibres Elena va trobar un diari enorme, de seguida va cridar a Marta i entre les dues amb molta curiositat el van obrir. Posava:

«En aquest diari escriuré tots els en (i una taca dibuixada) que haja aprés en aquests cinc anys.»

Elles van pensar que la paraula que tapava la taca de café era *endevinalles*, però en realitat posava *encisos*, així que sense adonar-se del que havia d'ocórrer, van començar a llegir en veu alta:

«Per a posar-ho tot al revés, tres coses cal fer, un, dos, tres...»

A Marta i Elena els va semblar molt estrany el llibre, així que per a entendre'l millor el van dur a casa. Com allí tampoc no l'entenien, decidiren deixar-lo sobre el llit i se'n van anar a dormir.

El dissabte al matí, es van aixecar molt contentes perquè era festa. Joan, son pare, els va dir «menA a ranujedsed» (que és «Anem a desdejunar» a l'inrevés, i com que elles no ho entenien es van acostar per veure el que passava, i llavors es van emportar un esglai immens en veure que tot estava al revés.

Les taules estaven en el sostre, sa mare, mentre menjava fent el pi els va dir «eS su aderfer al tell» («Se us refreda la llet»). Així van passar tot el cap de setmana, sentint paraules molt rares com *eniv* (en comptes de *vine*) o *anelE* (per *Elena*) i veien com els pares menjaven en terra i dormien a taula.

El dilluns, les bessones van marxar al col·legi molt espantades.

En arribar, Sílvia els va dir que algú havia furtat un llibre d'encisos.

Llavors, les bessones van portar corrent a Sílvia a sa casa, on estava el llibre. Allí Sílvia ho va veure tot del revés. Llavors va agafar el llibre i, formulant un contraencís, va salvar els pares i tot va tornar a estar com abans, bé, tot no, el gos no va tornar a lladrar, des d'aquell dia miolava.

## UNA NIT INEXPLICABLE
### Mireia Trilles Beser

Hi havia una vegada una xiqueta que es deia Harriet. Son pare es deia Peter i sa mare, Muriel.

Una nit, els seus pares se'n van anar a sopar fora. Harriet estava sola en una casa immensa. La casa tenia un gran rebedor amb una estora roja gegant amb unes escales que aplegaven fins a un laberint on qui entrava no tornava a eixir perquè l'eixida estava a 10 km. Com pareix, la casa era enorme, més que enorme, gegant. La xiqueta tenia por perquè estava ella sola a la casa, millor dit, a la mansió. La xiqueta es va fer roses i va seure al sofà per a veure una pel·lícula de por.

Si Harriet ja estava espantada, amb la pel·lícula de por ho estava més. Quan estava mirant la pel·lícula, algú o alguna cosa va trucar a la porta. Harriet, mentre anava a obrir, pensà: qui deu ser?, què deu voler?

Anava molt espai perquè li tremolaven les cames de por. En eixe moment, un inoportú llop va començar a udolar. Va obrir la porta i era una iaia xicoteta, molt velleta i lletja. La velleta li va dir: aquesta nit passarà alguna cosa en aquesta casa vella. Harriet li preguntà: que passarà?, quan passarà?

I la velleta li va contar una història que va passar en eixa mansió abans que hi visqueren ells.

La història deia que una xiqueta va entrar al laberint i no trobava l'eixida.

Quan ja portava un temps sense aparéixer, els seus pares van entrar a buscar-la i ni els pares ni la xiqueta van eixir del laberint. Des d'aleshores passen coses molt estranyes. Harriet va dir: quines coses? Però la velleta va desaparéixer.

Harriet encara tenia més por. Així que va anar a telefonar als seus pares. De sobte, mentre anava, va començar a ploure. Quan va arribar al telèfon va començar a marcar el número, però la línia de telèfon estava tallada. Harriet va pensar: quina cosa més estranya, no passa res, deu ser per la tempesta.

En una sala hi havia animals dissecats. A eixa mateixa habitació va anar Harriet. Quan va entrar, Harriet sentia que algú la vigilava, però seguia caminant. Quan es va girar, va veure que tots els animals l'estaven mirant. Harriet va eixir corrent. Va eixir de la mansió i va tancar la porta. La tempesta la va mullar totalment. Per això Harriet, malgrat la por, va intentar tornar a entrar, però no podia perquè la porta estava tancada.

Va pensar una estona i va decidir entrar per la finestra. Així ho va fer. La xiqueta recordà aleshores la història que havia contat la velleta i va pensar d'anar al laberint. D'eixa manera el temps li passaria més ràpid.

Va creuar l'estora roja, va pujar les escales per uns passadissos i trobà el gran laberint. Harriet no hi va pensar més i va entrar a explorar, però abans agafà una motxilla plena de menjar i un sac de dormir. Aleshores, els seus pares van arribar i Harriet seguia dins del laberint. Els seus pares no sabien que estava allí i la van començar a buscar. Muriel deia: «Harriet, on estàs?» i Peter: «Harriet! Vine ací!».

Harriet sentia que algú la cridava i volia eixir corrent del laberint però no trobava l'eixida. La va buscar molta estona, preocupada recordant el que havia dit la vella. Cada vegada estava més i més cansada i espantada, però de seguida escoltant la veu dels seus pares i seguint la veu va poder, al final, trobar l'eixida. Va eixir corrent. Quan va veure els seus pares els va fer una gran abraçada i va comprendre que si ells hagueren entrat també al laberint ningú d'ells no hauria pogut eixir, com a la història de la vella.

Poc temps després Harriet i els seus pares es van canviar de casa i Harriet no va oblidar mai que escoltar la veu dels seus pares era una cosa molt important per a la seua vida.

# L'UNICORN XARRADOR

## Marc Troncho Gasch

Hi havia una vegada un unicorn anomenat Risitas.

Era petit, molt blanc, tenia una crinera bonica i una banya. També era molt xarrador i tenia unes ganes de jugar tremendes. Vivia a Galícia. I ell sempre anava de lloc en lloc buscant menjar i aigua. Fins que un dia caminant pel bosc va trobar una família molt bondadosa que el va acollir al seu estable. La família estava formada per la mare, el pare, el fill i la filla.

Els primers dies a l'estable, com que no sabia on estava, es portava un poc malament, però es va anar acostumant que li donaren menjar, li netejaren l'estable i el netejaren, a ell.

I l'unicorn en veure que el cuidaven va canviar radicalment, era el triple d'afectuós, i estava més net i més gros. Com es portava quasi com un cavall de primera classe, el fill va dir:

–El podríem ensenyar a galopar, a trotar, a caminar i a fer cabrioles.

Però li va dir el pare:

–Serà massa complicat de fer, fill.

–Si ens esforcem, acabarà aprenent com es fa això –va insistir el fill.

–D'acord, m'has convençut; anem a intentar que comence a trobar –va explicar el pare–. Serà tota una experiència. Primer, haurem d'acostumar-lo a portar la sella de muntar i els estreps de la boca. Després, haurem de muntar-lo amb molt de compte. I al final, l'haurem d'ensenyar a caminar amb la sella de muntar i els estreps posats.

L'unicorn primer no entenia tot allò de què anava, ni com s'havia de fer, però, a la fi, va anar fent.

Després l'havien d'ensenyar a trotar, que era quasi igual que caminar i anar avant fent un poc més de moviment amb les potes i als estreps un poc més de força.

Però a l'unicorn es veu que allò li pareixia molt fàcil perquè ho aprenia massa ràpid, aleshores van passar a fer el galop, que això no ho faria tan ràpid perquè era més complicat.

Aleshores va començar a fer el galop, però el va fer massa ràpid i el pare i el fill sorpresos, perquè ho pillava tot a la primera, van decidir que fera cabrioles ell sol i així com feia tota la resta, això, igual.

El pare va començar a pegar-li voltes al cap fins que va dir al fill:

—Potser este unicorn és superdotat, perquè ho fa tot a la primera.

I l'unicorn en sentir-los va dir:

—Sí, sóc superdotat, en això de ser tipus un cavall. El pare i el fill es van quedar bocabadats de tant que els havia impressionat que l'unicorn estiguera parlant.

Corrents van anar a dir-ho a la seua família, van eixir i van dir:

—Parla.

I va començar a dir:

—Jo em dic Risitas, perquè els meus antics amos em van posar així fins que em van abandonar en mig del bosc, però encara com que vosaltres vau ser una família bondadosa i m'heu allotjat en este estable còmode i bonic.

»No vos havia parlat encara perquè tenia molta por que m'abandonàreu per parlar i per ser un menjadoret, perquè tota la meua vida he sigut així i ara açò que m'heu vist fer no ho digueu a ningú perquè potser poden matar-me els caçadors furtius, que són tan cruels amb tots els animals d'esta zona. D'acord, no ho direm a ningú d'esta zona. I així va començar la millor amistat que hi ha entre una persona i un animal.

Mireu si va ser tan important, que per a dinar l'entraven a casa i li posaven el sac de pinso al costat de la taula; per a dutxar-lo el banyaven amb aigua tèbia; la seua quadra, la van fer més gran i més còmoda, i li van fer un vestit de gala i un altre per a l'hivern.

Aleshores l'unicorn va començar a portar-los a cavall, a galop, a trot o a fer-los cabrioles tan extraordinàries, que fins i tot ell mateix es quedava sorprés.

Però un dia l'unicorn va dir:

—Sabeu què? Vaig a enfrontar-me amb al poble en companyia vostra.

—D'acord –van dir–. Sí, sí.

I l'endemà tots se'n van anar a comprar tot allò que necessitaven acompanyats per l'unicorn. I en arribar al poble, els habitants es van quedar sorpresos per l'unicorn perquè no havien vist mai cap unicorn com aquell. Tota la gent volia fer-se fotos amb l'unicorn, però la família va dir:

—No podeu fer-li fotos perquè els caçadors furtius podrien veure la foto i anar a buscar-lo.

Però un caçador furtiu el va veure i volia capturar-lo per a matar-lo i vendre la banya i portar la resta a l'escorxador. Però al cap de pocs dies se'n va assabentar la família, van posar tota la seguretat possible perquè no li passara res i van avisar les autoritats que hi havia un caçador furtiu per aquella zona.

Aleshores, les autoritats van començar ràpidament a buscar-lo dia i nit fins que, al cap de poc, van detindre un tal Fernando, el caçador furtiu que volia matar l'unicorn.

I aleshores va passar que el caçador furtiu estava a la presó i l'unicorn i la família estaven celebrant que el tal Fernando estava a la presó.

I des d'aquell moment, la família i l'unicorn sempre han estat units quan estaven malalts i quan no estaven malalts. I ara al 2007 els pares i els fills estan cuidant del vell unicorn que ha tingut uns fillets d'una egua que tenien els amos. I ara tots viuen feliços en una família molt unida.

# LA NIT DELS CAVALLERS
## Luis Ulldemolins Martín

El dissabte a la nit quan els meus amics i jo estàvem jugant pels horts del costat de l'ermita de Sant Francesc, vam començar a sentir un soroll que ens va esglaiar a tots.

Era el so d'uns tambors que cada vegada se sentien més a prop de nosaltres, el meu amic Santi es va amagar darrere d'un arbre i Isaac i jo ens vam ficar dins d'una séquia que hi havia allí. De sobte, vam veure uns llums que també s'apropaven a nosaltres. Santi va començar a cridar dient que eren uns fantasmes els que s'apropaven per a dur-nos a l'altre món, però com estava tot atemorit per eixes llums i sorolls que cada vegada se sentien més a prop, no vaig poder menejar-me del lloc fins que la curiositat va ser mes forta que la por i per això vaig gitar-me al camí i vaig veure que no eren fantasmes, que eren uns cavallers que anaven caminant pel camí cap a l'ermita de Sant Francesc.

Uns anaven amb capa i espasa i uns altres anaven sense la capa posada i sense espasa i amb el cap tapat amb una caputxa, i a més portaven un ciri a la mà.

Davant d'ells anava un grup de gent tocant els bombos i els tambors. Davant de tot anaven dos homes vestits de cavallers; l'un anava amb un penó i l'altre, amb una creu. En eixe moment vaig recordar-me del que el meu avi em contava dels Cavallers de la Conquesta, que eren els guerrers que acompanyaven el rei Jaume I, el que va conquerir les nostres terres, i que un guerrer seu va portar una carta en què ens donava el permís per a baixar a la nostra ciutat.

Vaig cridar els meus amics dient-los que podien eixir, que eren els antics cavallers i que no ens farien mal, perquè ells eren els nostres amics: van ajudar el nostre poble, fa molts anys. Santi i Isaac van agafar-me i em van ficar dins la séquia més atemorits encara pel que els havia contat, perquè pensaven que m'havia tornat boig.

Tota la filera se'n va anar després d'entrar a l'ermita fins a la Magdalena i nosaltres la vam seguir no molt de prop. Els meus amics pensaven que ara ja estàvem bojos els tres perquè tots estàvem veient el mateix.

Quan tots eixos homes van arribar a la Magdalena ens vam adonar que allí també hi havia uns altres homes vestits com ells i, a més, també una cort de dones amb uns vestits molt bonics i una d'elles, que l'anomenaven Na Violant, portava fins i tot una corona al cap i tots li feien la reverència com si fóra una reina.

Ningú no es va adonar que estàvem amagats darrere d'un arbre, però des d'on estàvem es podia veure bé tot el que passava i tots ens vam quedar bocabadats quan els homes de la caputxa s'agenollaven davant d'un casc que portava un drac alat i d'un escut amb quatre franges roges o deien una espècie de jurament. Després d'això, tots cridaven: Fadrell!

Sense adonar-nos-en, un d'eixos homes es va arrimar a nosaltres i ens va preguntar per què estàvem amagats i si necessitàvem ajuda.

Els tres estàvem mirant l'home, però cap dels tres no es va atrevir a dir res.

Al cap d'una estona vam preguntar i ell ens va contar que eren els cavallers del rei Jaume I el Conqueridor de València, Mallorca i Urgell i senyor de Montpeller i que estaven a l'ermita per al jurament dels nous cavallers. Ens agafa de la mà i ens portà on estaven tots els altres sopant pollastre i vi. No tenien coberts, vam seure amb ells i ens preguntaren si volíem fer-nos cavallers com ells; nosaltres vam contestar que sí. Tots es reien, però es van portar molt bé; era com estar somiant, però pareixia que estàvem desperts. Va ser una nit màgica per a tots nosaltres i vam aprendre molt de la història de la nostra ciutat al costat d'un senyor que es va asseure al nostre costat i tots deien que era el cronista de la Germandat.

Al matí següent, quan em vaig alçar del llit, em vaig adonar que tot havia sigut un somni i que segur que em vaig quedar adormit pensant en el meu avi Tico, que era molt aficionat a les històries de cavallers, però quan els meus amics em van trucar per telèfon i ens vam adonar que els tres havíem somiat el mateix, ens va agafar por, per si era de veres el que havíem vist durant la nit.

Mon pare va portar el periòdic a casa i la meua sorpresa va ser que en una foto vaig veure un dels cavallers que vaig conéixer la nit anterior, i també estava la reina. Al costat posava:

«Els cavallers de la conquesta celebren la seua vetla d'armes a l'ermita de la Magdalena».

Quan siga major, també juraré armes i també seré un cavaller per a defendre les nostres tradicions, la meua ciutat i les meues arrels, i quan la meua reina Violant cride: «Per la Mare de Déu del Lledó, Sant Jaume i Sant Cristòfol», jo li contestaré amb el crit de guerra de la Germandat: Fadrell!

## EL XIQUET LLEÓ

##### Alberto Vallez Garcia-Consuegra

Hi havia una vegada un xiquet que domava lleons. Al xiquet li agradaven molt els lleons, per això vivia en una reserva de lleons a l'Àfrica. El xiquet passava hores i hores mirant els lleons.

Un dia, es va alçar molt de matí i va seure en un muntanyeta per a veure els lleons com jugaven, caçaven... feien la seua vida; va estar tot el dia contemplant-los fins que es va fer de nit, no va vindre a sopar, i quasi es queda dormint si no és per una estrella fugaç que va veure molt a prop d'ell.

—Vull ser un lleó! —va dir el xiquet i es va adormir.

L'endemà de matí, el xiquet es va despertar i quan va anar a netejar-se per esmorzar va veure que era un lleó, un preciós lleó. Va eixir fora i va anar amb la resta de lleons. Va començar a jugar, a caçar... com havia vist fer a la resta dels lleons quan encara era un xiquet. Van passar dies, setmanes i mesos i el xiquet era molt feliç, però un dia va veure son pare, que estava desesperat, ja que per a ells el seu fill havia desaparegut.

Estava molt trist, els pares no sabien res d'ell i preguntaren que si l'havien vist.

Volia parlar amb ells, però no podia, ara era un lleó i no parlen els lleons. Què podia fer!

Va passar tota la nit pensant i una hiena que era amiga seua li va dir:

—Lleó, demana el favor a la gran estrella! És molt bona i si ho demanes de tot cor, t'ho concedirà!

—Però jo vull ser un lleó, i també vull veure la meua família feliç.

—Doncs, parla amb la gran estrella! —va dir la lleona.

El lleó es va alçar de matí i va anar a la mateixa muntanyeta que la primera vegada i va fer el mateix, i quan es va fer de nit va aparéixer la gran estrella fugaç i va demanar el següent:

—Vull jugar per un dia a casa meua per explicar a la meua família la meua situació.

I així va ser, al matí de l'endemà, Larsios (el nom del xiquet) va ser una persona. Va córrer a casa i ho va explicar tot. Son pare i sa mare en veure'l tan feliç van acceptar aquella situació tan estranya. Ja a la matinada següent tornava a ser un lleó, però amb la freqüència d'abans, el xiquet-lleó entrava a sa casa com un lleó i tenia permís de son pare i sa mare, a qui els era igual com fóra el seu fill sempre que aquest fóra molt feliç.

## MIQUEL I ELS SEUS DIBUIXOS
### Laura Vaquero Collado

Fa molts anys, quan alguns animals encara no s'havien extingit per l'acció de l'home i la contaminació no afectava, hi havia un xiquet el gran somni del qual era ser dibuixant però els seus dibuixos eren molt avançats per aquells temps. Alguns xiquets deien que eren barbaritats les coses que dibuixava, però a ell li era igual perquè li agradava molt. Quan anava a jugar, sempre dibuixava i els altres sempre li deien:

–Quins dibuixos més estranys i més roïns!

Anava al col·legi i quan eixia es posava a dibuixar i els xiquets li deien:

–Que estrany! Igual que els teus dibuixos. Només fas coses absurdes, ha, ha, ha. –Es reien d'ell. Així setmana rere setmana, mes rere mes, els xiquets seguien burlant-se de Miquel, que per cert així es deia.

Cada dia se sentia més trist, tenia tanta pena que a totes hores volia plorar i els seus amics li deien:

–Tens la cara com si estigueres trist.

I ell, ocultant-ho, els va dir:

–És que estic cansat.

Els amics li deien:

–Digues la veritat, segur que no et passa res?

–No!

I se n'anava corrent molt trist.

El xiquet estava molt deprimit; com que els xiquets ho repetien tantes vegades, ell va arribar a creure que dibuixava malament, i no era veritat.

Un dia va entrar a casa, sa tia l'estava esperant a l'entrada i li va dir:

–Què t'han dit?

–Què m'han dit de qui? –va dir el xiquet amb la veu tremolosa.

–Ja saps què et dic. –I el xiquet de sobte es va desplomar i va començar a plorar.

–A mi m'agrada molt dibuixar i els xiquets diuen que dibuixe malament i que els meus dibuixos són estranys.

–Ja sabia que devia ser d'això, t'he vist els quaderns plens de dibuixos, vols saber la meua opinió?

–Sí.

–Que els xiquets tenen raó.

–Què? –El xiquet es va quedar amb cara d'estranyesa i va pensar: «damunt que ho diuen els xiquets, m'ho ha de dir ma tia també?».

—Tenen raó perquè els teus dibuixos són estranys i per això són especials i molt però que molt bonics! —li va dir la tia afectuosament.

—Gràcies, tia!

—Gràcies no, és que és la veritat, i ara vas amb la cara ben alta i vas a jugar amb els teus amics.

—Una cosa, ho saben els teus amics?

—Veuràs, és que no vaig dir res.

—He tingut una idea —va dir la tia.

—Farem un viatge perquè la gent conega els teus dibuixos, tu confia en mi.

—M'has convençut, quan anirem?

—Demà, que no hi ha col·legi.

—No és mala idea.

I quan es va fer de nit...

—Bona nit!

—Bona nit i que somies els teus dibuixos!

Va arribar el dia esperat.

—Anem-hi!

—Sí.

—Agafa la motxilla amb el teu menjar i la beguda.

—Tia...

—Què?

—Crec que ens deixem alguna cosa.

—Ai, sí, els dibuixos!

I van anar a veure uns dibuixants importants...

La tia i el xiquet estaven tan nerviosos que es mossegaven les ungles.

—A veure, crec que tens molta personalitat, es reflecteix en els dibuixos.

—Ah, així que t'han agradat els meus dibuixos?

—No t'has d'entusiasmar tant –li va dir la tia.

—Tu què creus, company?

—Jo pense el mateix que tu, i a més a més té una tècnica molt avançada.

—Els han agradat els teus dibuixos –li deia la tia.

I van dir els dibuixants:

—Hem pensat que has d'anar a veure els millors dibuixants.

—Adéu.

—Adéu.

En aquells temps, com vos he dit abans, no es veien molts dibuixants.

Hi havia un poble on eren més avançats, allí estaven tots els dibuixants.

—Anem, Miquel.

Van entrar i...

—És fabulós, fa-bu-lós, de veritat, això és magnífic.

—Gràcies!

Miquel no es podia creure el que veia, tot aquest temps patint per res, els xiquets li deien que ho feia malament, però ara ja sabia que no era veritat, ja estava segur de si mateix, ja no tenia aquella inseguretat, llavors els dibuixants van dir:

–Tu vols fer la carrera de dibuixant?

–Sí!

–De veritat? Això és molt seriós, és tota la teua vida. Què dius?

I des d'aquell dia tota la seua vida va ser dibuixant, però un gran dibuixant, i aquells xiquets mai no li van dir res més. Els seus amics es van estranyar, i li van dir per què no els havia dit res del seu patiment.

I van fer una festa per a celebrar-ho. Se sentia:

–Visca Miquel, visca el gran dibuixant!

Els dibuixos li van donar una gran cosa a Miquel... la felicitat!

# ELS CAVALLS FANTASMA
## Marc Veral Almela

Era un dia assolellat d'estiu. El sol reflectia com mai l'habitació d'Antoniet. Aquest estava preparant la maleta per a anar-se'n de viatge amb la seua família i el seu cosí Jordi.

Dins la maleta estava posant allò que normalment fa falta: pantalons, camises, roba interior... i alguna que altra cosa opcional com la càmera de fotos, el seu diari, el llibre d'aventures o misteri que estava llegint en aquell moment...

–Vinga, afanya't, que perdrem l'avió –cridava sa mare.

–Ja vaig –va contestar–, i després de posar l'últim parell de calcetins, va tancar la maleta i va baixar.

De camí a l'aeroport, Antoniet, la seua germana Maria i el seu cosí contaven acudits, en la qual cosa Antoniet era un expert.

La seua destinació era Itàlia, el seu allotjament l'hotel El Castell de Castellúcia.

Els tres xiquets compartien habitació i es van jugar els llits a pedra, paper, tisores i el d'Antoniet va ser el més proper a la finestra. Aquest no sabia que això el duria al major descobriment de la seua vida.

Cansats pel viatge, van decidir gitar-se prompte, per a poder matinar i visitar els voltants.

A mitjanit, un soroll fort va despertar el nostre amic. Pareixien els trots d'uns cavalls; es va alçar d'un gran bot i va mirar per la finestra, però no va veure res. De seguida, es va tornar a dormir, però els trots continuaven, aleshores va decidir despertar Maria per a preguntar-li si ella també els sentia.

—Maria, Maria!

—Què vols? —pregunta la nena, mig dormida.

—No sents els trots d'un cavall? —preguntà el xiquet.

—No, borinot! Deixa'm dormir! No sé tu, però jo estic molt cansada!

Antoniet va decidir dormir i oblidar.

Al dia següent, creient que aquells trots eren dels cavalls d'una quadra que hi devia haver a l'hotel, va decidir preguntar-ho a recepció.

—Disculpe'm, senyor? Ací a l'hotel hi ha cavalls? Anit em va paréixer sentir trotar-ne uns.

—Doncs, no, no n'hi ha... Ho degueres somiar —li va dir el recepcionista molt amable.

Aleshores, se'n va anar a desdejunar amb la seua família al menjador de l'hotel, convençut que sí que havia sigut un somni. Però...

A la nit va tornar a sentir els mateixos trots, i per a no escoltar-los va provar de: tapar-se les oïdes amb el coixí, escoltar l'MP3, posar-se taps...

Al matí, al desdejuni, menjant com un pardalet, se'l veia preocupat, i un ancià que estava al menjador desdejunant també es va adonar de la cara que duia el xiquet.

—Què et passa? —li va preguntar l'home.

—Estic bastant preocupat —li va contestar Antoniet.

—No deus tenir trots de cavalls per les nits, per casualitat? —va dir l'estrany, posant-se al seu costat.

—Sí..., i vosté com ho sap? —va dir el xiquet amb cara de sorpresa.

—Perquè jo també els sentia quan era més jove, i conec la seua història. Vols que te la conte? —amb cara de pillet.

—Sí, per favor! —va contestar el nostre amic.

—Antigament, aquest hotel va ser la casa del comte Rimbabito, el qual va comprar molts cavalls amb la seua fortuna. Tants eren els que va comprar, que es va arruïnar i es va veure obligat a vendre'ls. Però, com els adorava, es va deprimir i cada nit li pareixia sentir els seus trots en baixar del camp. La gent el va prendre per boig, però ara, moltes persones que s'allotgen a l'hotel diuen que els senten molt prop. Jo sospite que els fantasmes dels cavalls encara viuen a l'hotel.

—Antoniet, que ens n'anem —va tallar sa mare la contalla de l'ancià.

—Ja vaig! —va girar el cap per a contestar i en tornar a mirar el vell, aquest ja no estava.

Se'n van anar a passejar per l'interior de la ciutat. Al taxi, el xiquet anava cavil·lant com resoldre el misteri dels cavalls, i per fi va decidir baixar eixa nit al pati i comprovar-ho ell mateix.

Quan tots dormien, Antoniet es va alçar del llit i Jordi es va despertar.

—Ah!, jo vaig amb tu! —va dir amb to de valentia, Jordi.

—D'acord.

I baixant per les escales de l'hotel van sentir una veu ronca.

—Qui va per aquí?

—El vigilant! —van xiuxiuejar els dos xiquets a l'hora.

—Mèèèèèèèèèèèu!

—Tigre, ets tu! —va dir el vigilant—. Au, vine, que no has acabat de sopar.

—Uf! Quina sort que hem tingut! Si el vigilant no arriba a trobar-se amb el gat, ens hauria descobert i ho hauria dit als teus pares —va dir Jordi, torcant-se la suor.

—Els sents, Jordi? —va dir amb emoció Antoniet.

—Doncs, no —li va contestar tot despagat el cosí.

—Però si se senten perfectament! —va dir Antoniet tristot.

—Tu ho sents perquè t'has inventat la bola, jo me'n torne, tens sort que no els diré res als teus pares —tot enfadat.

—Jordi, per fa, com a mínim queda't amb mi —va dir melindrós Antoniet.

—Xut! —va dir el cosinet–, ho sent, ho sent...!

—Ja ho sents?, molt bé! Au, anem a descobrir d'on venen els trots.

Es van arrimar a l'altre costat del pati, on els arbustos eren els amos, i per fi van veure els cavalls fantasma! Eren com cavalls normals, però tenien una línia blanca que em marcava la silueta i tot el cos transparent. El cap del grup es va adonar de la presència dels xiquets i es va arrimar a poc a poc a ells.

—Corre, Jordi! —va cridar Antoniet completament atemorit.

Els dos xiquets van començar a córrer, però els cavalls els perseguien. No saben com van poder arribar a l'habitació sense que ningú més es despertara.

Es van gitar, es van cobrir fins al cap amb el llençol i, finalment es van adormir.

L'endemà de matí, els dos creien haver-ho somiat, però cap dels dos no s'atrevia a contar-li-ho a l'altre per si creia que estava boig.

I si algun dia aneu a eixe hotel, no tingueu por de sentir trots, o sí...?

# EL DIMONI
## Víctor Villalón Vilar

Hi havia una vegada a l'edat mitjana, a la comarca de Castelló, uns pobles anomenats Vistabella i Puertomingalvo. Diu la llegenda que totes les nits de lluna plena hi havia un monstre, mig ós mig senglar, que eixia a buscar els xiquets, els agafava i se'ls enduia; l'endemà apareixien amb el coll destrossat i sense una sola gota de sang. Així van anar passant els anys i els habitants aterrits no sabien què fer. Fins que un dia el monstre va intentar atacar un home que tenia una cadena penjada al coll. Quan el monstre va intentar mossegar el coll de l'home va veure una creu penjant d'una cadena de ferro i el dimoni va eixir corrent. Els habitants de Puertomingalvo i Vistabella van fer una trampa al dimoni una nit de lluna plena encara que els núvols la tapaven quasi perquè hi havia tempesta. Van soltar a dos xiquets i, quan el dimoni es va arrimar, des de dalt d'un arbre li van tirar una xarxa, però el dimoni es va escapar. Al cap d'uns anys, un caçador anomenat Joan va prometre als aldeans que mataria el dimoni. Així doncs, va anar a buscar-lo amb la seua ballesta; va sentir un soroll, va córrer cap a ell i va veure un pagés que estava sent arrossegat pel coll per un monstre, que l'agafava amb les dents. Amagat entre les herbes i amb un ciri per a fer-se llum, va tirar una fletxa i li va pegar, però el dimoni era molt fort i no li va fer quasi mal. El dimoni es va girar i Joan es va llançar sobre ell, però el dimoni el va mossegar al coll. Joan va morir, però el dimoni també va morir en mossegar la creu que duia Joan. Els pagesos, en memòria de Joan, van fer una església. Fins que l'església no siga derruïda no tornarà el dimoni. Tots van ser feliços i van anomenar l'església i les muntanyes del voltant Sant Joan de Penyagolosa.

ÍNDEX

PREMI DE NARRATIVA ESCOLAR
VICENT MARÇÀ 2008 ..................... 9

### UN REGAL PER SEMPRE
Sergi Aragón Sebastià - *Lluís Revest* ......... 11

### LA MARIETA VIATGERA
Inés Arin Gallego - *Vicent Artero* ............ 15

### EL XIQUET QUE VOLIA SABER QUÈ HI HAVIA EN ELS NÚVOLS
Fatiha Azzi - *Illes Columbretes* ................ 19

### PERDUTS AL BOSC
Félix Babiloni Colomina - *Ramiro Izquierdo* ........... 22

### L'ACAMPADA
Sara Baila Bigné - *Penyeta Roja* ............... 27

### LA LLEGENDA DEL CAP NEGRE
Clara Akane Burruezo Konishi - *Ramiro Izquierdo* ... 32

### EL GAT DE PAULA
Arantxa Catalán Almela - *Carles Salvador* ............. 36

### LES FADES
Marina Centelles Sutil - *Gaetà Huguet* .............. 41

### L'EXCURSIÓ A LA MUNTANYA
Marc de Bofarrull Coy - *Fadrell* ............... 47

UNES VACANCES AL POBLE
Marina Ferrer Carceller - *Isabel Ferrer* ...................... 50

NOSTÀLGIA
Sara Folch Estabén - *Exèrcit* ........................ 55

LA PLANTA QUE ES MENJAVA LES LLETRES
Mar García Carbó - *Censal* ........................ 60

LES SIRENES
Nicoleta Ilcana Gumbedam - *Bisbe Climent* ............ 64

L'ESCOLA MISTERIOSA
Cèlia José Herrando - *Antonio Armelles* .................... 68

EN WANG TSE WU
Manuel Llopis Ramírez - *Ramiro Izquierdo* ............ 73

DRAC EL MARGINAT
Mònica Morales Moreno - *Isabel Ferrer* ................. 78

EL PARE FANTÀSTIC
Israel Nebot Dom - *Antonio Armelles* ...................... 81

EN PERE I EN ROS
Fermín Pitarch Garcia - *Bernat Artolà* ..................... 85

LUCI I LA RABOSA DE LA NEU
María Pizarro Valls - *Bisbe Climent* ........................ 87

ELS COLORS
Cristina Rusen - *El Cano* ........................ 91

UN VIATGE MOLT ESTRANY
Patrícia Sancho Bellés - *Bisbe Climent* .................... 97

COM ACONSEGUIR UNA MASCOTA
Arnau Sempere Roig - *Censal* ................................. 101

EL TRESOR AMAGAT
Alexandra María Soporan - *Estepar* ........................ 108

EL MEU NAIXEMENT
Miquel Torán Martínez - *Lluís Revest* ..................... 111

UNA HISTÒRIA DE FANTASIA
Sonia Torner Tena - *Jaume I* ..................................... 114

ELS EMBOLICS DE LA FAMÍLIA MARTÍNEZ
Elena Torrella Mas - *Ramiro Izquierdo* ................... 118

UNA NIT INEXPLICABLE
Mireia Trilles Beser - *Vicent Artero* ......................... 121

L'UNICORN XARRADOR
Marc Troncho Gasch - *Gregal* ................................. 125

LA NIT DELS CAVALLERS
Luis Ulldemolins Martín - *Lope de Vega* ................. 130

EL XIQUET LLEÓ
Alberto Vallez Garcia-Consuegra - *Vicent Artero* .... 134

MIQUEL I ELS SEUS DIBUIXOS
Laura Vaquero Collado - *Isabel Ferrer* ..................... 137

ELS CAVALLS FANTASMA
Marc Veral Almela - *La Marina* ............................... 142

EL DIMONI
Víctor Villalón Vilar - *Bisbe Climent* ....................... 148

13,80